한국 구석기시대 석기군 연구

● 지은이

김상태

1990년 2월 강원대학교 사범대학 역사교육과
1992년 2월 강원대학교 대학원 사학과 문학석사
2011년 2월 강원대학교 대학원 사학과 문학박사
1996년 8월 국립중앙박물관 학예연구사
2008년 12월 국립제주박물관 학예연구실장
2010년 10월 현재, 국립춘천박물관 학예연구실장

주요 논저

2000, 「상무룡리 II 유적의 좀돌날석기」, 『과기고고연구』 4, 아주대학교박물관
2001, 「경북 동해안지역의 새로운 구석기유적」, 『한국구석기학보』 3, 한국구석기학회
2004, 「강원지역의 구석기시대 유적분포와 석재」, 『강원고고학보』 3, 강원고고학회
2004, 「韓半島先史遺蹟の黑曜石製石器の出土樣相について」, 『石器原産地研究會會誌』 4, 石器原産地研究會
2009, 「韓半島 細石刃石器群 研究の成果と展望」, 『舊石器考古學』 72, 舊石器考古學會
2011, 「舊石器時代の濟州道」, 『舊石器考古學』 75, 舊石器考古學會

韓國 舊石器時代 石器群 研究

한국 구석기시대 석기군 연구

초판인쇄일	2012년 2월 27일
초판발행일	2012년 2월 28일
지 은 이	김상태
발 행 인	김선경
책 임 편 집	김윤희, 김소라
발 행 처	도서출판 서경문화사
	주소 : 서울 종로구 동숭동 199 - 15(105호)
	전화 : 743 - 8203, 8205 / 팩스 : 743 - 8210
	메일 : sk8203@chollian.net
인 쇄	바른글인쇄
제 책	반도제책사
등 록 번 호	제 1 - 1664호

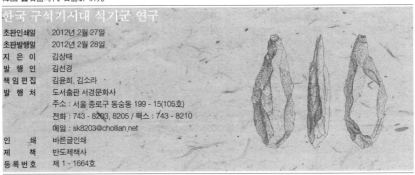

ISBN 978-89-6062-084-1   93900

정가 14,000원

한 국
구석기시대
석기군 연구

김 상 태 지음

서 경 문 화 사

나의 구석기 공부는 대학 시절 취미 정도로 시작되었다. 당시 국립 사범대는 졸업과 함께 중등교원으로 임용되던 시절이라서 시골에서 교사 생활을 하는 동안 유적을 찾아보는 것도 재밌겠다는 나의 막연한 생각에서였다. 학과 내의 고고학 스터디그룹에서 고고학 논문들을 읽었다. 그 중에 구석기문화와 인간의 진화에 대한 글들은 대단히 흥미진진해 나를 깊이 매료시켰고, 혼자 원서들을 짜깁기 번역하여 '유럽고고학' 개설서를 만들기도 했다. 어려운 형편이었지만 대학원을 가고자 한 것도 그 끌림 때문이었다.

구석기를 조사하고 바라보는 시간은 참 즐겁다. 국립박물관에 근무를 하면서도 여름 휴가철이면 한동안 동해안의 구석기유적 지표조사를 다니는 것이 피서였다. 유적을 새로 찾아내는 기쁨은 비할 데가 없었다. 당시 해안을 입지로 한 구석기유적의 성격에 대한 연구를 하고자 강원 고성에서부터 경남 경주까지 수년에 걸쳐 틈틈이 답사하면서 꽤 많은 유적들을 찾아 소개하였는데, 비록 연구는 지지부진하였지만 그 때 몸으로 얻은 경험적 지식들은 많은 도움이 되고 있다.

양구 상무룡리유적 발굴에 참여하면서 인연을 맺게 된 최복규교수님은 나의 학문과 인생의 스승이 되셨다. 자료로 가득 찬 교수님의 연구실에서 공부할 수 있도록 배려해 주셨고, 발굴현장에서는 거의 매일 숙식을 함께 하시면서 제자들을 자상하게 가르치고 보살펴 주셨다. 그 열정적인 모습은 지금도 기억 속에 생생하게 남아 나에게 엄격한 채찍이 되고 있다.

　논문을 지도하신 박희현교수님과 한창균교수님께 깊이 감사드리고 싶다. 심사를 받기에 부족한 글임에도 두 선생님께서 일일이 지적하고 다듬어주셨기에 논문이 완성될 수 있었음을 고백한다. 그럼에도 나의 능력이 턱없이 모자라기에 선생님들께는 누가 되지 않을까 염려스러울 뿐이다.

　구석기 공부를 시작할 무렵 나에게 가장 많은 도움과 영향을 준 사람은 홍영호형이었다. 형은 두뇌가 명철하여 다방면의 많은 자료를 섭렵했고 그것을 나에게 전해준 멘토였다. 형과 하숙방에서 많은 밤을 새워가며 고고학과 역사철학에 관한 이야기를 나누었던 시간들은 학창시절 소중한 기억 중 하나이다.

　이 책은 나의 박사논문이지만, 책으로 엮기에는 부끄러운 글이 아닐 수 없다. 최복규교수님께서 용기를 주신 덕분에 감히 한 권의 책으로 나오게 되었다. 그저 참고자료 정도로만 활용될 수 있다면 다행이라고 생각하고 있다. 그리고 사학과 손승철교수님과 유재춘교수님의 도움과 배려에도 깊이 감사드린다.

　사랑하는 나의 아버지 김덕본 님, 어머니 강영수 님, 두 분께는 필설로 다하기 어려운 사랑을 받아왔고 지금도 그러하다. 삼가 부모님께 이 책을 바치고 싶다. 그리고 아내 경희와 아들 동혁·동진이의 따뜻한 응원에도 늘 고마워하고 있음을 전한다.

　이 책이 출판되어 세상에 나올 수 있도록 허락해주신 서경문화사 김선경사장님과 편집팀께 깊이 감사드린다.

2012. 2
호반 춘천에서　김 상 태

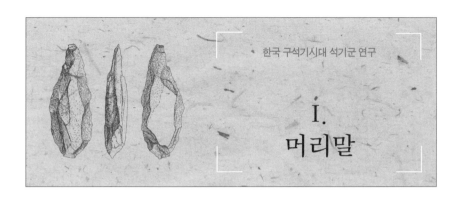

I. 머리말

1. 연구사와 연구방향

해방 이후 첫 구석기유적 조사인 석장리(石壯里)유적의 발굴조사를 기준으로 한국 구석기 고고학의 연구는 이제 반세기에 가까운 궤적을 지나왔다. 공간적으로는 주로 남한지역에 국한되었겠지만, 조사된 구석기유적의 수는 수백개소에 달하며, 한국의 최남단인 제주도에서까지 구석기문화의 실체가 확인되고 있다.[1]

한국 구석기 고고학의 주요 성과를 든다면, 우선 전곡리(全谷里)유적을 필두로 한 임진·한탄강유역의 여러 유적에서 출토된 다양한 양면가공 석기류의 확인 및 그와 관련된 제연구를 들 수 있다. 이를 통해 서구 고고학에 의해 왜곡되었던 동아시아 주먹도끼문화에 대해 새로운 시각을 제시할 수 있었다. 최근에는 중국의 장강(長江)과 황하(黃河)유역을 중심으로

---

1) 국립제주박물관, 『제주도 서귀포시 서귀동 생수궤유적 발굴조사 지도위원회 자료』, 2010.11.

많은 양의 양면가공석기들이 출토되고 있어 중국에서도 그와 관련하여 더욱 활발하고 적극적인 논의가 진행되고 있는데, 임진·한탄강유역의 양면가공석기에 대한 연구 성과가 그 근저를 이루고 있음은 부인할 수 없을 것이다. 다음으로 수양개유적과 고례리(古禮里)유적 등으로 대표되는 한국 후기구석기시대의 돌날문화와 관련된 연구성과가 있다. 규질응회암 등을 이용하여 체계적인 기술에 의해 제작된 돌날 석기들의 존재는 한국 후기구석기시대 돌날문화의 확고한 존재감과 함께, 동아시아적 차원에서 한국 후기구석기문화의 위치와 전개 양상을 논할 수 있음을 보여주었다. 더불어 근래 활발하게 진척되고 있는 좀돌날 관련 석기문화의 연구와, 한일(韓日) 연구자의 공통관심사가 되고 있는 슴베찌르개 관련 연구 결과 역시 주목할 만한 성과로 꼽을 수 있다. 좀돌날석기와 슴베찌르개는 특히 후기구석기시대 석기문화의 지역적 변화 발전양상을 보여주는 매우 중요한 자료로서 근래에 가장 관심 받는 연구대상이 되고 있다.

이러한 다양한 연구 성과의 축적으로 말미암아 한국 구석기문화의 발달 과정을 보다 전반적으로 이해하고자 하는 거시적 연구 기반이 마련 되고 있다. 한국 구석기문화에 대한 거시적 이해의 가장 기본을 이루고 있는 연구 주제는 역시 구석기시대의 편년에 관한 것이 될 것이다. 그간 적용해 온 유럽지역 중심의 편년체계인 '전기(Lower) - 중기(Middle) - 후기(Upper)'의 편년 체계에 대해서 비판적으로 검토하고, 한국 구석기시대의 발전과정을 일목요연하게 정리할 수 있는 편년체계를 모색하는 것은 한국 구석기문화 전반에 대한 거시적 안목을 제공하게 될것이다.

연구 초기에는 고고학적 자료가 부족했으므로 대체로 3시기 구분을 그대로 수용하고 발굴된 자료들을 편년 틀에 맞추어 보려는 경향이 주류를 이루었다.[2] 그러나 출토자료가 꾸준히 증가함에도 불구하고 3시기 편년체계에 부합할 만한 석기군의 변화 발전양상은 근래까지 여전히 확인되지 않고 있다. 특히 '중기구석기시대'의 본래적 정의와 그에 합치될 만한 석기군은 사실상 찾아보기 어렵다. 중기로 편년된 유적의 석기군들 가운데 르발루아 기술과 같은 체계적이고도 정형성을 갖춘 격지 생산 및 그것을 이용하여 석기를 제작하는 과정을 보여주는 사례는 아직 국내에서 확인되지 않고 있다.

기존의 논문들에서 한국 구석기문화의 중기적 요소로 언급되어 온 특징들로는 대체로 '격지가 양적으로 증가하는 것'과, '석기의 소형화' 및 '정형성의 증가' 등이 있다. 하지만 정형성을 갖지 않는 격지의 양적 증가는 '중기'의 본질적인 특징이라고 인정하기 어렵다. '석기의 소형화' 역시 구석기시대 전 시기에 걸쳐 지속적으로 나타나는 경향이므로 중기적인 요소라고 할 수는 없다. 또한 '정형성의 증가'는 어떤 석기류에서 어떻게 정형성이 증가하는지에 대한 모두가 인정할 만한 논의가 뒤따르지 않고 있다. 후기구석기시대의 돌날 기술이 등장하기 전까지는 주먹도끼류나 찍개, 여러면석기 등 몇몇 대형석기 기종에서만 정형성이 유지되고 있을 뿐, 소형석기류에서는 정형성을 발견하기가 쉽지 않다.

편년체계에 대한 논의는 자료가 증가되어감에 따라 점차 여러 양상으로 전개되어 왔다. 1990년대 초반, 박영철은 8만년 이전의 구석기시대에 대해 '전기구석기시대' 대신 '앞시기 문화'[3]라는 용어를 사용하고, 8~4

---

2) 많은 논문들이 있지만 대표적인 예를 든다면 손보기, 「석장리의 전기·중기구석기문화층」, 『한국사연구』 7, 1972 ; 최무장, 「건국대학교 조사」, 『전곡리』, 1983 등이 있다.

3) '앞시기 문화'란 제4빙기 이전(ante-Wurmien)의 문화라는 의미로 사용하였으며, 이에 대해서는 '약 8만년 이전에 해당되는 유적과 출토유물의 퇴적시기가 4빙기 형태와는 구분되지만 마지막 간빙기 또는 그 이전 시기 어디에 해당되는지 아직 밝히기 어렵기 때문'이라고 했다. 그리고 '중기' 구석기에 해당하는 문화적 특징을 자갈돌찍개문화 양상과 양면석기제작의 전통을 이으면서 다수의 찍개류 및 격지석기를 포함하는 두 가지 양상으로 요약하고 있다. 유럽에서 사용하고 있는 '중기'의 문화적 개념을 적용하였다기보다는 시간적 개념이 적용되었다고 볼 수 있다.(박영철, 「한국의 구석기문화 -유적의 현황과 편년문제-」, 『한국고고학보』 28, 한국고고학회, 1992. pp.5~130)

만년 전을 중기구석기, 4만년 이후를 후기구석기시대로 구분한 바 있다. 또한 중기구석기시대의 특징을 몸돌석기의 중형화(中型化), 석기의 정형화, 제작과정에서 격지떼기가 증가함으로써 석기 표면을 거의 다 제거하는 점, 르발루아 및 클락토니안 기법의 사용, 격지석기 종류의 다양화 등을 들고 있다.

2000년대 들어서 이선복은 주로 임진강유역의 출토자료에 집중하여 〈주먹도끼 포함 석기공작〉-〈주먹도끼 비포함 석기공작〉-〈세석기 포함 석기공작〉이라는 '3단계 구석기공작 변화의 가설'을 제시하였다.[4] 한편 이헌종은 적극적으로 중기구석기의 존재를 입증하고자 하였다. 토양쐐기층과 절대연대를 기준으로 중기구석기시대의 층위들을 설정하고, 중기구석기시대의 석기문화를 주먹도끼석기군(주먹도끼를 포함하는 자갈돌석기전통), 주먹도끼를 포함하지 않은 찍개와 여러면석기를 중심으로 하는 자갈돌석기전통, 주먹도끼와 정교하게 잔손질된 석기가 포함된 격지석기전통 등의 기술체계로 구성되어 있는 것으로 추정하였다.[5]

성춘택은 〈주먹도끼-찍개-다각면석기 중심의 기술전통〉-〈소형 석영암석기 중심의 기술전통〉-〈돌날-슴베찌르개 중심의 석기 기술전통〉-〈잔석기(세석기) 중심의 석기 기술전통〉으로 석기군의 구성과 진화과정을 요약하고, 이들이 단선적이기보다는 특정시대 대안적인 석기기술 전략의 전이로 보았다.[6] 그리고 '중기'에 대한 시간폭이 다양하게 논의되고 있는 만큼 중기구석기시대라는 개념을 사용할 경우 그 시간폭을 상술하여야 하

---

4) 이선복, 「구석기 고고학의 편년과 시간층위 확립을 위한 가설」, 『한국고고학보』42, 한국고고학회, 2000. pp.1~20.
5) 이헌종, 「동북아시아의 중기구석기문화 연구」, 『한국상고사학보』33, 한국상고사학회, 2000, pp.7~48.
6) 성춘택, 「한국 구석기시대 석기군 구성의 양상과 진화 시론」, 『한국상고사학보』51, 한국상고사학회, 2006, pp.5~41.

며, 새로운 편년체계의 수립, 혹은 3시기 구분의 적용 가능 여부가 확인되기 이전까지는 특정 유물군의 시간을 논할 때에는 OIS와 같은 시간 단위의 사용이 잠정적인 대안이 될 수 있음을 제안하였다.[7]

선행 연구들을 포함하여 그와 유사한 여러 연구들은 대체로 3시기 구분을 염두에 두지 않고 새로운 편년체계의 수립을 시도하거나, 기존 3시기 구분의 틀 내에서 지역적인 문화 요소를 발견하고자 하는 두 가지 유형으로 구분된다. 이 연구들은 가설적인 수준에 머물고 있지만, 궁극적으로는 한국의 구석기문화를 폭넓게 이해하기 위한 매우 중요한 논의들이라고 할 수 있다. 따라서 가설의 입증 여부를 떠나 학사적으로 중요한 의미를 갖고 있다.

앞서 언급한 것과 같이 발굴 자료가 증가하고 연구 성과들이 꾸준히 축적됨에 따라 선행 가설들에 대한 재검토와 더불어 새로운 논의의 필요성은 높아지고 있다. 한 예로 임진강 이외의 지역에서도 상당히 많은 양면가공석기들이 발견되고 있으며, 주먹도끼가 포함된 석기군의 시간적 범위도 상당히 넓은 폭을 가지고 있음이 확인되고 있다. 또한 석영제 소형석기들 역시 시기와 지역을 막론하고 거의 모든 석기군에 포함되어 발견되고 있다. 그럼에도 불구하고 한국 구석기문화에 있어서 후기구석기시대의 문화적 성격만큼은 확연하다. 시간적으로 후기구석기시대의 개시 시기에 대해 약간의 논의가 필요하지만, 앞서 언급한 것과 같이 수양개유적과 고례리유적 등을 통해 후기구석기시대를 특징지우는 돌날문화가 한반도 내에서 발생하고 전개되었음을 볼 수 있다. 따라서 한국 구석기시대의 편년체계와 관련된 논의는 주로 '중기구석기시대'를 포함한 그 이전의 자료에 집중될 필요가 있다. 이 글은 이러한 관점 아래 한국 구석기 자료 가운데

---

7) 성춘택, 「한국 중기구석기론의 비판적 검토」, 『한국고고학보』46, 한국고고학회, 2002, pp.5~28.

특히 중기구석기시대로 편년된 자료들을 포함하여 그 이전에 해당하는 자료들을 대상으로 검토하고자 한다.

2. 연구 대상과 방법

1) 연구 대상과 정의

이 글에서 검토 대상으로 삼고 있는 석기군은 후기구석기시대가 도래하기 전까지의 석기군이다.[8] 일반적으로 '후기구석기시대'는 돌날기술(blade technique)이 출현한 이후의 석기군을 의미한다. 이와 관련하여 우리나라에서는 호평동 1지역 1문화층(3a지층)에서 숯을 이용한 AMS에 의해 측정된 30,000±1500BP가 가장 이른 연대에 해당한다.[9] 호평동 1문화층은 최상부 토양쐐기의 하위에 위치하고 있으며, 토양쐐기 아래층 가운데 절대연대를 가진 유일한 돌날(blade) 포함층으로서 한국 후기구석기시대의 개시기와 관련하여 매우 중요한 석기군이라고 할 수 있다. 따라서 호평동 1문화층의 절대연대만을 기준으로 한다면 우리나라에서는 약 3만년전을 전후한 시기를 후기구석기시대의 개시기로 상정해 볼 수 있다. 그러나 호평동유적 출토 석기군을 종합적으로 살펴본다면 그렇게 단정하기는

---

8) 이 글에서는 동굴유적을 검토 대상에서 제외하였다. 대부분의 동굴유적은 석기 출토량이 매우 적어서 층위별로 석기군의 양상을 파악하기 쉽지 않다. 또한 절대연대측정이 되어 있지 않으며, 야외유적에서 흔히 관찰되는 토양쐐기와 같은 상대편년 자료가 결여된 상태이므로 보고자가 출토 석기의 형식만으로 판단한 연대를 참고하여야 한다. 따라서 동굴유적의 자료들을 일정한 층서상의 맥락이나 절대연대를 가지고 있는 야외유적들과 동등한 수준에서 검토하기에는 적절치 않다고 판단된다.
9) 홍미영 · 김종헌, 『남양주 호평동 구석기유적』, 기전문화재연구원, 2008.

어렵다. 호평동 1문화층에서 돌날과 공반된 석영석기군에서는 돌날기술과 관련된 기술적 증거를 전혀 발견할 수 없다. 돌날은 주로 응회암류로만 제작되고 있기 때문이다. 한편 호평동유적의 2지역에도 1문화층은 존재하지만, '출토된 석기로는 해당 층위의 형성 시기를 가늠하기가 쉽지 않다. 돌날 기술의 존재를 증명할 만한 석기가 포함되어 있지 않기 때문이다.

유사한 사례인 홍천 하화계리유적의 흑요석제 좀돌날 관련 석기들은 매우 한정된 지점에서만 집중적으로 출토되었으며, 그 외의 지역에서는 시기를 특정하기 어려운 부정형의 석영제 석기들이 넓은 면적에서 출토되었다. 그리고 석영제 석기제작장은 흑요석제 석기제작장과 상당한 거리를 두고 발견되어 석기제작 행위가 기술이나 석재별로 분명한 분업형태를 갖고 있었음을 보여주었으며,[10] 이와 유사한 예는 수양개유적에서도 확인된 바 있다.[11] 즉 앞서 살펴 본 예에서와 같이 돌날석기의 제작이 유적 내의 일정한 영역 내에서 특정 석재로만 이루어졌다면, 그리고 그 유적을 발굴할 때 돌날석기를 제작한 지점이 발굴되지 않았다면, 그 유적은 후기구석기시대의 유적임에도 불구하고, 발굴에 의해 확인된 석기만으로는 후기구석기시대의 유적으로 편년되기 어려울 수 있다. 결국 석기군 내에 돌날 포함 여부만을 기준으로 유적의 시기를 확정하고, 그 절대연대만을 후기구석기시대의 개시 기준 연대로 삼는 데에는 일정부분 오류가 존재할 개연성을 인정하여야 한다. 요컨대 현재 발굴된 석기군이 당시 단일 집단이 남긴 전체 석기군이 아닐 수 있다는 가능성을 열어두어야 하며, 석기군의 구성과 층위 및 절대연대 등을 종합적으로 검토할 필요가 있다.

10) 최복규 · 김용백 · 김남돈, 「홍천 하화계리 중석기시대유적 발굴조사보고」, 『중앙고속도로건설구간내 문화유적발굴조사보고서』, 강원도, 1992. pp.15~244.
11) 이융조, 「단양 수양개구석기유적 발굴조사 보고」, 『충주댐 수몰지구 문화유적 연장발굴조사보고서』, 충북대학교 박물관, 1985, pp.101~252.

이를 보완하기 위해 상대편년 자료인 층위 맥락을 참고해 볼 수 있을 것 같다. 호평동 1문화층과 같이 최상부 토양쐐기층의 하위에서 발견되고 있는 석기포함층들은 석장리 집자리층, 화대리 2문화층, 기곡 B지구 3층, 화대리 3문화층, 하화계리 작은솔밭 2층, 용호동 2문화층 등이 있다. 이 가운데 화대리 2문화층과[12] 용호동 2문화층[13]의 석기군에서는 돌날기술과 관련된 석기가 직접적으로 확인되지는 않았다. 그러나 일반적으로 돌날기술과 결합된 것으로 인정되고 있는 슴베찌르개가 공반되고 있어, 두 유적 모두 돌날기술을 가지고 있었을 가능성은 매우 높다. 이러한 관점에서 호평동 1문화층과 대응되는, 위에서 열거한 층위들의 절대연대를 참고한다면, 하화계리 작은솔밭 2문화층에서 AMS에 의해 측정된 40,600±1500BP가 동일한 층위들 가운데 얻어진 가장 이른 시기의 절대연대이다. 그리고 이 절대연대가 층위 맥락상으로는 한반도의 후기구석기시대 개시와 관련하여 의미있는 자료로 생각된다. 물론 유사 층위에 대한 발굴자료가 향후 증가된다면 지속적인 보완과 검토가 필요한 부분임은 말할 필요가 없다.

최상부 토양쐐기층은 그 하위에 위치하고 있는 다른 토양쐐기층들과는 달리 상당한 층위적 안정성을 갖고 있어, 상대편년 기준으로 신뢰도가 높다고 필자는 판단하고 있다. 그간 발굴된 자료들을 통해 볼 때 최상부 토양쐐기층을 전후한 석기포함층에서 출토된 석기들은 정형성이 뚜렷하고 후기구석기시대의 시간적 맥락을 가진 표지적 석기들이 대부분이다. 따라서 최상부 토양쐐기층이 일정한 시간폭을 가지고 있음을 인정할 수 있으며, 최근에는 이를 구석기 자료의 편년에 적극 이용하고자 하는 연구

---

12) 최복규·유혜정, 『포천 화대리 쉼터구석기유적』, 강원고고학연구소, 2005.
13) 한창균, 「대전 용호동 구석기유적」, 『동북아세아구석기연구』, 한양대학교 문화재연구소, 2002, pp.163~172.

들이 개진되고 있다.[14) 이러한 것들을 종합적으로 참고하여 하화계리 작은솔밭 2문화층의 절대연대를 후기구석기시대 개시기의 상한으로 상정하고자 하며, 이 글에서도 이를 후기구석기시대 개시 기준으로 삼고자 한다.

이 글에서는 일정한 오차가 예상됨에도 불구하고, 발굴조사보고서에 제시된 절대연대를 수용하고 논의를 전개시키고자 한다. 후기구석기시대와 달리 우리나라의 4만년 이전 석기군에는 형식학적 편년을 적용할 만큼 뚜렷한 정형성을 갖춘 석기들이 거의 존재하지 않는다. 게다가 전술한 것과 같이 전기와 중기구석기시대를 구분할 정도의 유형을 가진 석기는 더더욱 찾아보기 힘들다. 또한 4만년 이전의 석기들이 주로 출토되고 있는 최상부 토양쐐기층의 아래 층위들은 발굴된 지역별로 다양한 양상을 보여주고 있어, 절대연대의 오차를 보정할만큼의 일정한 층서적 패턴이나 신뢰도를 갖고 있지 못할 것으로 판단된다.

최근 OSL을 이용한 연대측정법 자체에 대한 연구 결과에서는 OSL 연대의 신뢰도가 AMS에 비해 결코 뒤지지 않는 것으로 나타나고 있다. 특히 동일한 고고학적 유구를 대상으로 OSL과 AMS 연대측정을 동시에 실시한 결과, 일정한 오차범위 내에서 두 연대값은 서로 잘 일치함으로써 OSL의 신뢰도 검증 및 그 유용성이 입증된 바 있다.[15) 따라서 이 글에서는 그간 발굴된 석기포함층들을 OSL에 의해 측정된 절대연대를 기준으로 배열하고, 그 속에서 문화적인 변화상이나 특징들을 찾아보는 방식을 취하고자 한다. 이것은 층위와 석기형식 등에서 상대편년의 기준이 부족한 현재의 연구 조건에서는 나름대로 유용하며 또 의미가 있는 방법으로 생각된다.

---

14) 장용준, 『한국후기구석기의 제작기법과 편년 연구』, 부산대학교 박사학위논문, 2006.8.
   한창균, 「한국 구석기유적의 연대문제에 대한 고찰」, 『한국구석기학보』7, 한국구석기학회, 2003, pp.1~40.
15) 김명진, 『한국 구석기 고토양층 석영에 대한 시분해 광자극 냉광의 물리적 특성과 연대결정』, 강원대학교 박사학위논문, 2010.2.

또한 이 방법이 층서상에서 확인되는 상대편년 자료들을 이용하여 절대연 대값의 오차를 보정하고자 하는 연구결과들과는[16) 서로 보완관계를 가질 것으로 믿는다.

이 글에서 '석기군' 이란 용어는 두 가지 의미로 사용하고자 한다. 먼 저 구석기유적에서 출토된 모든 유물을 총칭하는 의미이다. 구석기유적, 특히 이 글에서 검토 대상으로 삼고 있는 야외유적의 경우 출토 유물은 석 기류가 전부이다.[17) 따라서 '유물군', 혹은 '도구복합체' 등의 용어 대신 보다 직접적인 의미 전달을 위해 하나의 유적에서 출토된 석제 도구 전체 를 '석기군' 으로 칭하고자 한다. 또 다른 의미는 석기군을 구성하는 특정 석기 그룹을 지시하는 하위개념이다. 이 경우 그 뜻을 명확히 하기 위해 '석기군' 의 앞에 그 성격을 나타내는 용어를 함께 사용하였다. 예컨대 주 먹도끼류를 비롯한 찍개, 여러면석기 등을 총칭하기 위해 사용된 '대형석 기군', 그리고 그에 대비되는 개념으로서의 '소형석기군' 등이다.

2) 석재의 고고학적 이해

뗀석기 재료로서의 석재(raw material)는 구석기인들에게 석기 제작 기 술만큼이나 중요한 요소이다. 일반적으로 구석기의 특정 기술이나 기종 이 특정 석재와 맺는 관련성은 후기구석기시대에 이르러서야 분명하게 확

---

16) 장용준, 『한국 후기구석기의 제작기법과 편년 연구』, 부산대학교 박사학위논문, 2006.8.
    한창균, 「천안 - 아산지역의 구석기유적 연구」, 『한국구석기학보』20, 한국구석기학회, 2009, pp.3~22.
17) 매우 드물게 염료광물이 출토되거나 목재 등이 발견되기도 하지만, 그렇다고 하더라도 '석기군' 이란 용어는 그 부대적인 출토물을 제외한 순수 석제 도구만을 가리키는 의미로 서도 여전히 유용할 것이다.

18 한국 구석기시대 석기군 연구

인되는 것으로 알려져 있다. 그러나 주지하는 바와 같이 후기구석기시대 이전에도 기술의 발달은 꾸준히 이루어져 왔다. 예컨대 양면가공기술이 반영된 주먹도끼문화라든가, 비록 한반도에서는 발견되고 있지 않지만, 르발루아 기술을 비롯한 다양한 격지석기 제작 기술들이 인류의 진화 과정과 함께 성쇠(盛衰)하여 왔다. 그럼에도 불구하고 과연 후기구석기시대가 도래하기 전까지의 매우 오랜 기간동안 구석기인들의 석재에 대한 인식과 선택의 양상에 주목할 만한 변화는 없었을까? 만일 있었다면 어떠한 양상으로 표출되었으며, 석기군에는 어떤 양상으로 반영되었을까? 그리고 그것이 시공간적으로는 어떠한 고고학적 의미를 가질 수 있을까?

이 글은 이러한 몇 가지 의문점에서 출발하고자 한다. 석기는 구석기시대 인간의 지능과 사고체계, 행동양식 등을 복합적으로 반영하며, 석재는 그 복합적인 정보 가운데 하나이기 때문이다. 그리고 동시에 가장 객관적인 요소이기도 하다. 따라서 석재에 대한 분석은 석기문화를 이해하기 위한 필수과정이 되고 있다.

석재에 대한 분석 중 암질의 분류는 가장 일반적으로 행해지고 있는 분석이다. 현대 지질학은 암석에 대한 각종 정보를 종합하여 매우 과학적인 암질 분류체계를 만들어 냈다. 그리고 우리는 현대의 암질 분류체계에 의거해 발굴조사 보고서 상에 석기의 암질을 기록하고 있다. 하지만 유물의 특성상 파괴분석이 어려워 주로 육안관찰에 의해 암질이 분류되고 있으며, 때론 그 분류가 필요 이상으로 세분화되어 있거나, 혹은 동일 석재들이 분류자마다 다소 다른 기준과 명칭에 의해 분류되어 있기도 하다.[18]

---

18) 성춘택은 이러한 점에 주목하여 후기구석기시대 돌날이나 좀돌날 등을 제작하는 데 사용된 이암·혼펠스·안산암·유문암·반암·응회암 등의 석재들을 '규질응회암(셰일)'으로 총칭할 것을 제안한 바 있다.(성춘택, 「구석기 제작기술과 석재분석 - 한국 후기구석기시대 석재에 대한 예비적 고찰」, 『한국상고사학보』39, 한국상고사학회, 2003, pp.1~18)

또한 암질 분류를 관련 분야의 전문가에게 의뢰하지 않고 구석기학자가 직접 분류한 결과 정작 중요한 부분을 간과해버린 예들도 간혹 찾아볼 수 있다. 이러한 것들은 개별 석기에 반영된 고고학적 정보를 읽어 내는 데에 어려움을 줄 뿐 아니라, 여러 유적의 석재를 종합적으로 검토하고 연구하는 것을 불가능하게 한다.

석기 암질의 분류 결과는 매우 과학적이고 객관적인 정보이다. 하지만 거기에는 구석기학자들이 뗀석기의 기종을 분류한 결과와 유사한 함정이 숨어 있다. 주지하듯 구석기학에서의 뗀석기 기종 분류 체계는 현대 고고학자들이 구석기인들의 도구를 이해하기 위해 고안해 낸 하나의 약속 체계일 뿐이다. '긁개(scraper)'로 분류한 도구가 실제로는 '긁는 도구'라는 의미가 아니라, 단지 '유사한 형식학적 특성을 공유하는 하나의 도구 그룹'인 것이다. 암질을 분류한 결과도 이와 같아서 현대적 관점에서의 암질 분류 결과는 구석기인들이 갖고 있던 석재에 대한 사고 체계에 접근하기 위한 하나의 수단일 뿐이며, 본질에 접근하기 위한 '과도적 정보'로써의 역할을 할 뿐이다. 즉 암질 분류 결과 그 자체에는 어떠한 고고학적 의미도 포함되어 있지 않다고 볼 수 있다.

암질 분류 결과는 뗀석기들과 어떠한 상관관계를 갖고 있는지 다양한 각도로 재해석되는 과정을 통해 고고학적으로 유의미한 정보가 된다. 예컨대 다양한 석재들이 특정 기술이나 석기 제작에 사용된 양상, 동일한 석재를 이용하는 각 유적들과 석재 원산지 간의 관계, 돌날기술의 변이와 활용된 석재와의 관련성, 특정 석재와 석기 기종 간의 상관관계 등과 같은 다양한 접근으로 발전될 때 비로소 그 의미를 갖게 된다. 이 글은 이러한 다양한 관점에서 석재들과 석기들 간의 관련성을 검토해 봄으로써 석재가 갖는 고고학적 의미를 생각해 보고자 한다.

3) 자연지리적 환경

　전국적으로 분포되어 있는 구석기시대 여러 유적들을 효율적으로 검토하기 위해서는 소규모 분석 단위인 권역으로의 분할이 필요하다. 권역 구분에는 다양한 기준이 동원될 수 있겠으나, 이 글에서는 주로 자연지리적인 요소를 이용하고자 한다. 자연지리적 환경은 구석기인들의 생존활동에 매우 직접적이면서도 항구적으로 영향을 끼친 요소 가운데 하나가될 것이다. 구석기인들은 자연에 전적으로 의존하는 경제활동을 하였기때문이며, 그들이 환경을 활용하거나 극복하는 과정은 인류의 진화 여정과 크게 다르지 않기 때문이다.

　채집활동이나 수렵을 통해 생계를 영위하였던 구석기인들은 보다 나은 환경을 찾거나, 인구증가와 같은 요인으로 이동을 하게 될 경우 불가피하게 주변의 자연지리적 요소에 영향을 받게 된다. 특히 많은 지역이산지로 구성된 한반도의 지리적 환경에서라면 주로 하천 주변의 저지대를 따라 이동하고 정착하는 패턴이 반복되었을 가능성이 높다. 심지어 빙하의 도래와 같이 대단히 장기적이고 광범위한 환경 변화에 의해 이루어지는 이동의 경우에도 그 경로는 대단위 하계망이나 산맥과 같은 자연지리적 요소에 영향을 받았을 것으로 추측된다. 지금까지 우리나라에서 발굴된 대부분의 구석기시대 유적들이 크고 작은 하천을 끼고 형성되어 있는 것은 구석기시대의 이러한 이동과 정착 패턴을 반영하고 있는 결과일것이다.

　대단위 하계망이나 산맥, 혹은 지질구조와 같은 거대 환경 요소들이 구석기시대인들의 삶의 영역을 직접적으로 제한함으로써 삶의 방식에 지대한 영향을 끼쳤다면, 그러한 요소로 인해 일정한 영역을 공유하게 된 집단들 사이에는 공통된 문화적 요소가 발생했을 가능성이 높다. 이러한 점에주목한다면 구석기시대 유적의 소권역을 설정할 경우 자연지리적인 측면이 가장 중시되어야 할 것이다.

기존의 연구에도 자연지리적인 측면이 전혀 반영되지 않았던 것은 아니지만, 그와 더불어 현대의 행정구역 체계가 상당부분 혼합된 상태로 적용된 경우가 많았다.[19] 물론 일부 자연지리적 경계가 행정구역의 경계와 일치하는 경우도 있지만, 그것은 단지 일부에 불과하므로 고고학적 권역 구분에 이 두 가지 체계를 혼용하는 것은 아무래도 바람직하다고 보기는 어렵다. 따라서 이 글에서는 구석기시대 유적의 권역 구분을 위해 자연지리적 요소를 적극 활용하고자 하며, 그 중에서도 주로 대단위 하계망과 산맥에 의해서 구석기유적들을 소그룹으로 권역화하고자 한다. 하계망은 기존에 알려진 주요 대하천을 기본 단위로 삼았으며, 산맥은 최근 위성사진을 이용해 한반도의 지형을 재검토함으로써 기존에 알려진 산맥체계들을 전면 수정하고 새롭게 정리한 연구 결과를[20] 참고하고자 한다.

---

19) '연세대학교 박물관, 『우리나라의 구석기문화』, 연세대학교 출판부, 2002'는 하나의 사례로서 비교적 근래에 한국의 구석기유적 전체를 다룬 자료집 중 하나이다. 〈한탄강과 임진강유역〉, 〈금강유역〉, 〈남한강유역〉 등의 자연지리적 구분과 함께 〈강원지역〉, 〈호남지역〉, 〈경남지역〉 등의 행정구역 체계에 의한 구분이 혼용되고 있음을 볼 수 있다.

20) 김영표 · 임은선 · 김연준, 『한반도 산맥체계 재정립 연구 -산줄기분석을 중심으로-』, 국토연구원, 2004.

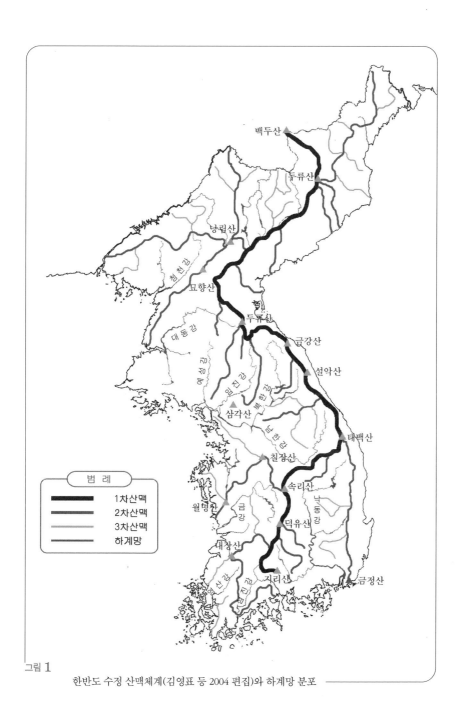

그림 1

한반도 수정 산맥체계(김영표 등 2004 편집)와 하계망 분포

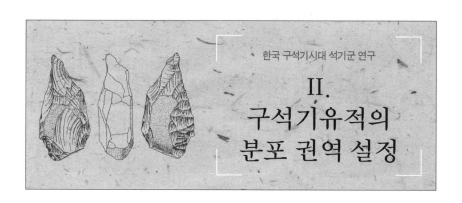

한국 구석기시대 석기군 연구

II.
구석기유적의
분포 권역 설정

1. 권역 구분과 경계

한반도 지형을 구성하고 있는 주요 산맥체계와 하계망을 단순화해 보면 대체로 〈그림 1〉과 같은 구조가 된다. 대하천을 중심으로 하는 하계망은 산맥체계에 의해 자연스럽게 경계 지워지며, 그 경향은 고지대인 한반도 동부일수록 더욱 뚜렷해져 동부지역은 산맥의 진행이 권역 구분의 경계와 일치하게 된다. 이에 비해 서해연안지역은 잔구성 지형의 영향으로 하계망 간의 경계가 다소 불분명하거나 접점이 존재한다. 따라서 위성사진을 이용하여 하천 상류역의 경계를 판독하고, 그것을 각 권역간의 경계로 삼았다.

구분된 권역은 〈임진 · 한탄강권〉, 〈한강권〉, 〈동해중부해안권〉, 〈금강권〉, 〈낙동강권〉, 〈영산 · 섬진강권〉 등 모두 6개 권역이다. 각 권역별에 속한 유적 현황은 〈표 1〉에, 권역 간 경계는 〈그림 2〉에 각각 나타내었다. 권역 간 경계가 다소 불분명한 지점이 있고, 공교롭게도 그 접점에 분포하는 유적들이 있어, 이 장에서는 권역의 특징과 더불어 그 경계에 대해서 상술하고자 한다.

　권역 구분은 전적으로 자연지리적 요소에 의한 것이며, 향후 보다 구체적인 문화적 성격이 밝혀지고 고생태학적 연구가 진전될 경우 그 내용이 반영된 권역지도로 지속적으로 수정되고 보완되어야 할 것이다.

1) 임진 · 한탄강권

　임진 · 한탄강권은 한반도 중북부지역에 해당되며, 한강권과 남쪽으로 접하고 있다. 한강권과의 경계는 서울의 북한산과 도봉산을 거쳐 양주의 불곡산에 이른 후, 양주와 포천지역에서는 한강과 임진강의 상류가 근접하는 지점들을 통과한다. 그리고 포천과 가평지역의 군계를 이루고 있는 운악산부터는 산맥의 흐름을 따라 태백산맥을 향해 동북방향으로 진행되는데, 대체로 철원과 화천지역의 경계와 일치하고 있다. 운악산의 동쪽으로는 높은 산맥에 의해 한강권과의 경계가 상당히 뚜렷하지만, 서쪽으로는 3차산맥이 단속적으로 이어지고 있어 양주와 포천지역에서 보듯이 두 권역의 구분이 다소 모호해지는 지역들이 있다.

　지형으로만 판단하자면 한강 하류역에 해당되는 일부 지역인 파주와 고양지역은 임진 · 한탄강권역으로 보는 것이 오히려 적절하다. 즉 파주의 남부지역과 고양지역은 한강의 최하류로 유입되는 지류가 통과하고 있기 때문에 하계망을 기준으로 한다면 한강권에 포함되어야 하겠지만, 이 글에서는 지형적 요소를 보다 중시하여 파주 남부와 고양지역을 임진 · 한탄강권에 포함시키고자 한다. 실제 관찰 결과 이 지역에서 출토된 석기들은 한강권보다는 임진 · 한탄강권의 석기들과 좀 더 유사한 특징을 보여주었다.

　임진 · 한탄강권의 유적으로는 연천의 전곡리(全谷里)유적 · 남계리

(楠溪里)유적, 파주의 주월리(舟月里)·가월리(佳月里)유적·원당리(元堂里)유적·금파리(金坡里)유적·운정지구(雲井地區)유적, 고양시의 덕이동(德耳洞)유적 등이 있다.

2) 한강권

한강은 남한 최대 규모의 하천으로 한반도 중부지역의 대부분을 포괄하는 대규모 광역하계망을 갖고 있다. 서해로 최종 유입되는 한강 하계망은 양평에서 남한강과 북한강으로 크게 분기된 후, 각각 태백산맥 서부 기슭의 깊숙한 지역까지 수많은 지류들을 뻗고 있으며 풍부한 수량(水量)을 보유하고 있다. 한강권의 북쪽에 위치한 임진·한탄강권과의 경계는 앞서 기술한 것과 같이 비교적 분명한 편이다. 한강권은 남쪽으로는 동부지역에서 낙동강권과, 서부지역에서는 금강권과 각각 접하고 있는데, 낙동강권과의 경계는 태백산맥의 흐름을 따라 태백산으로부터 시작하여 소백산, 월악산, 속리산 등으로 이어지는 분명한 선을 그을 수 있다. 그러나 상대적으로 저지대이며 2차산맥에 의해 단속적으로 구분되는 금강권과의 경계지역은 복잡하며 불분명한 지점도 많다.

금강권과의 경계를 내륙에서부터 살펴보면, 우선 남한강의 최상류와 금강의 상류가 근접하고 있는 보은군을 지나, 청주지역에서부터는 금강의 상류역을 따라 음성지역으로 북상한 후 안성의 칠장산에 이른다. 안성에서 정안지역까지는 비교적 직선구간의 산맥이 이어지며, 삽교천의 상류역과 접경지역인 예산, 홍성, 보령 등지의 남계를 따라 서해안까지 이른다. 따라서 아산만으로 흘러드는 삽교천과 진위천유역 및 보령의 웅천천유역은 한강 하류역의 영향권에 포함된다.

최근 들어 인천과 김포지역에서 새로운 구석기유적들이 발견되고 있는데, 한강 상류역의 석기군과는 다소 색다른 양상을 보여 주고 있어, 향후 중서부해안과 인접하고 있는 지역에서 추가되는 자료들에 대해 통합된 관점에서의 지속적 관찰이 필요하다고 느끼고 있다. 한강권 유적들은 넓은 면적과 많은 유적 수를 감안하여 북한강유역과 남한강유역 및 한강 본류역으로 세분하도록 한다.

한강권의 후기구석기시대 이전 유적들은 북한강유역에 양구 상무룡리(上舞龍里)유적, 춘천 갈둔(葛屯)유적·거두리(擧頭里)유적, 홍천 내외삼포리(內外三浦里)유적·백이(栢里)유적·작은솔밭유적(下花溪里Ⅲ)·연봉(蓮峰)유적·모곡리(募谷里)유적 등이 있다. 남한강유역에는 영월 삼옥리(三沃里)유적, 단양 수양개(垂楊介)유적, 제원 명오리(鳴梧里)유적, 충주 금릉동(金陵洞)유적, 여주 연양리(淵陽里)유적, 양평 병산리(屛山里)유적, 광주 삼리(三里)유적 등이 있다. 한강본류역에는 김포 장기동(場基洞)유적·신곡리(新谷里)유적, 인천 불로동(不老洞)유적·원당동(元當洞)유적, 천안 두정동(斗井洞)유적, 아산 권곡동(權谷洞)유적·실옥동(實玉洞)유적, 예산 신가리(新佳里)유적 등이 있다.

3) 동해중부해안권

국토연구원의 새 산맥체계에 의하면 태백산맥은 한반도의 동해안을 따라 부산까지 진행되는 기존 경로가 아니라, 강원도 태백산(1,567m)에서 내륙으로 방향을 돌려 속리산을 거쳐 지리산에 이르는 경로이다.〈그림 1〉기존 태백산맥의 남부구간이었던 태백산으로부터 부산 금정산(801m)까지의 산맥은 2차 산맥으로 조정되었다. 태백산맥이 방향을 돌려 내륙으로 진행하기 시작하는 지점에서는 고지대가 동해를 향해 연장되어 있어 그 이남지역과 지형적 경계를 이루고 있다. 그리고 울진 이남부터는 산맥의

규모가 확연히 축소
되고, 산맥의 연결 상
태도 단속적으로 변
화되고 있어, 영덕과
포항지역에 이르러서
는 해안지역과 내륙
의 경계가 상당히 느
슨해지게 된다. 이러
한 지형은 한반도 수치
표고모델인 〈그림 2〉
를 통해서 좀 더 분명
하게 확인할 수 있다.
따라서 내륙과 분리
된 뚜렷한 동해중부
해안지역을 설정한다
면 대체로 울진지역
을 남계로 할 수 있다.
　　동해중부해안지

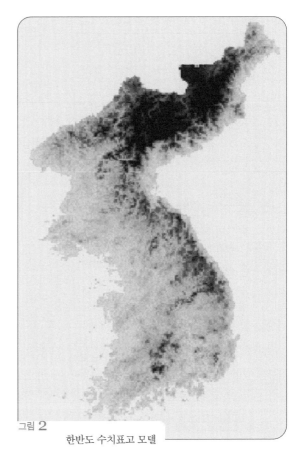

그림 2
한반도 수치표고 모델

역은 평균 1,400m 이상의 고산준령들로 이루어진 태백산맥이 해안선을
따라 연속하고 있어 내륙과는 뚜렷하게 구분되는 환경을 갖고 있다. 해안
지대를 따라서 소규모 해안평야들이 연속적으로 발달해 있어 남북 방향으
로의 이동은 매우 수월한 편이다. 한편 태백산맥 동쪽 기슭으로부터 기원
한 소규모 하천들은 수량이 풍부하고, 해안을 따라 조밀하게 발달하고 있
어 동해중부해안지역에 풍부한 동식물상이 형성될 수 있는 조건을 제공하
고 있다. 또한 난류인 동한해류와 태백산맥의 지형적 영향으로 일교차가
적고 내륙에 비해 여름에는 상대적으로 더 시원하며, 겨울에는 덜 추운 기

후가 형성됨으로써 매우 적절한 거주 환경을 제공하였을 것이다.

이 권역 내 구석기시대 중기 이전 유적들은 강릉 내곡동(內谷洞)유적·심곡리(深谷里)유적·주수리(珠樹里)유적, 동해 기곡유적·망상동(望祥洞)유적·노봉(魯峰)유적·월소(月梳)유적·발한동(發翰洞)유적·평릉동(平陵洞)유적·구미동(九美洞)유적 등이 있다.

4) 낙동강권

백두산에서부터 시작하여 동해안을 따라 진행되던 태백산맥은 태백산을 기점으로 내륙방향으로 돌려 속리산-덕유산-장안산-지리산으로 뻗어나간다. 태백산맥의 이러한 흐름은 낙동강권의 북쪽 경계를 이룬다. 낙동강은 태백산맥과 같은 내륙의 대규모 산악지대뿐만 아니라, 동해안을 따라 분포하고 있는 2차 산맥에도 수많은 지류를 갖고 있다. 남해로 최종 유입되기까지의 낙동강 하계망은 한반도의 남동부지역 거의 전체를 아우른다. 아울러 권역 내 독립하천인 포항지역의 형산강과 울산지역의 태화강, 부산의 수영강 등은 동해로 유입되는데, 상류역에서는 낙동강의 하계망과 매우 근접해 있어 그 경계가 명확하게 구분되지 않는 경우가 있다. 진주 남강의 상류 역시 낙동강과 그 경계가 불분명한 지역이 있을 정도로 접해 있으므로 태백산 이하로부터 태백산맥에 의해 경계 지어진 한반도의 남동부 내륙지역과 해안지역은 전체적으로 하나의 권역으로 설정하기에 무리가 없다.

낙동강권은 동해안을 따라서 동해중부해안지역과, 남해안을 따라서는 영산·섬진강권과 연결되어 있다. 또한 내륙에서는 상주-영동-옥천-대전지역을 따라 형성되어 있는 부분적인 저지대들에 의해 금강의 상류역과도 느슨한 상태로 연결되어 있다. 이와 같이 낙동강권은 하나의 거대한 독립 권역이지만, 한강권을 제외한 주변의 주요 권역들과 모두 교류가 이루어지기에 용이한 열린 환경을 갖고 있다. 낙동강권의 후기구석기시대 이전 유적은 그 면적에 비해 매우 적은데 상주 신상리(新上里)유적과 진주 내촌리(內村里)유적이 있다.

5) 금강권

금강권은 태백산맥에 의해 낙동강권과 뚜렷한 동서간의 경계를 갖고 있다. 그러나 북쪽에 위치한 한강권과는 다소 느슨한 상태인데, 속리산에서부터 음성, 안성지역까지 북상한 후 다시 남서방향으로 내려오는 2차산맥이 그 경계를 이룬다. 한편 남쪽의 영산·섬진강권과의 경계를 보면 지리산에서 분기한 2차 산맥이 진안의 마이산으로 북상하였다가 다시 남동방향으로 방향을 돌린 후 내장산에 이르는 구간은 지형상의 구분이 비교적 분명하다. 이후 함평의 고산봉까지 이어지는 구간은 해발 4~5백미터 가량의 낮은 산들에 의해 단속적인 상태로 매우 느슨한 경계를 이루고 있다. 이러한 지형적 특징 때문에 금강권은 북쪽에 위치한 한강권과 남쪽의 영산·섬진강권과 교류가 용이한 조건을 갖고 있다.

금강권으로 설정된 지역 내에는 금강 외에도 만경천, 동진강 등 서해로 유입되는 크고 작은 하천들이 포함되어 있다. 금강은 그 가운데 가장 넓은 유역을 가지고 있는 중심 하천이다.

금강권의 유적은 진천 장관리(長管里)유적·송두리(松斗里)유적, 청원 소로리(小魯里)유적·만수리(萬水里)유적, 청주 봉명동(鳳鳴洞)유적, 대전 용호동(龍湖洞)유적·둔산(屯山)유적, 진안 진그늘유적, 공주 석장리(石壯里)유적·영광 군동유적·마전유적·원당유적 등이 있다.

6) 영산 · 섬진강권

영산 · 섬진강권은 한반도 남서부에 해당되며, 동쪽으로는 낙동강권과 북쪽으로는 금강권과 접하고 있다. 낙동강권과는 남해연안 지역을 제외하면 태백산맥 남부에 의해 비교적 분명한 경계를 보여 준다. 반면 북쪽에 위치한 금강권과는 2차산맥과 3차산맥에 의해 부분적으로 느슨하게 구분되어 있는 상태이다. 따라서 낙동강권과는 주로 해안선을 따라서만 소통이 용이한 편이며, 금강권과는 서해안을 따라 넓게 발달한 저지대 및 내륙에서의 하계망 연접지역에 의해서도 상당히 열려 있는 상태이다.

영산강유역과 섬진강유역을 하나의 권역으로 설정하였지만, 내장산에서부터 월출산으로 이어지는 2차 산맥을 경계로 하여 섬진강유역은 고지대가 많고, 영산강유역은 상대적으로 저지대가 우세한 지형적 특성을 보여 주고 있다.

영산강유역의 유적은 광주 치평동(治平洞)유적, 화순 사창(沙倉)유

표 1 _ 권역별 전 · 중기 구석기시대 유적 현황

임진 · 한탄강권	한강권			동해중부 해안권	낙동강권	금강권	영산 · 섬진강권	
	북한강	남한강	본류				영산강	섬진강
전곡리	상무룡리	삼옥리	장기동	내곡동	신상리	장관리	치평동	곡천
남계리	갈둔	수양개	신곡리	안현동	내촌리	송두리	사창	대전
주월리	거두리	명오리	원당동	심곡리		소로리	도산	죽내리
가월리	내외삼포리	금릉동	불로동	주수리		만수리	당가	
원당리	백이	연양리	두정동	기곡		봉명동	용호	
금파리	작은솔밭	병산리	권곡동	망상동		용호동	당하산	
운정지구	연봉	삼리	실옥동	노봉		둔산		
덕이동	모곡리		신가리	월소		진그늘		
				발한동		석장리		
				평릉동		군동		
				구미동		마전		
						원당		

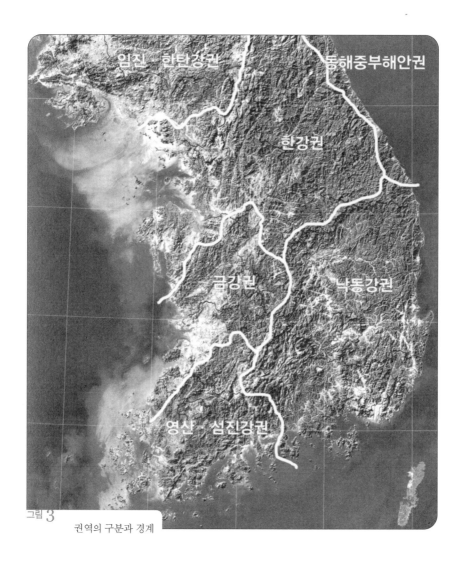

그림 3
권역의 구분과 경계

적·도산(道山)유적, 나주 당가(唐加)유적·용호(龍虎)유적, 함평 당하산
유적 등이 있다. 섬진강유역에는 승주 곡천(曲川)유적, 화순 대전(大田)유
적, 순천 죽내리(竹內里)유적 등이 있다.

2. 유적군의 시간적 위치

6개 권역에 의해 구분된 유적군[21]들은 지역별로 서로 약간씩 다른 시간대역을 갖고 있다. 이 장에서는 주로 절대연대가 있는 유적, 혹은 유물포함층[22]들을 대상으로 유적군의 시간 분포와 그 의미에 대해 살펴보도록 하겠다.

우선 가장 이른 시기의 시간대역을 갖고 있는 유적군은 임진·한탄강권의 유적군이며, 그 중에서도 전곡리유적이 대표된다. 최근에 유적의 형성 연대가 적어도 20~30만년 이전이라는 견해가 제시된 바 있는데[23], 이보다 빠른 시기의 절대연대를 가진 유적이 현재까지는 없으므로 절대연대만으로는 임진·한탄강권의 유적군을 가장 빠른 시기의 것으로 인정할 수 있다.

임진··한탄강권의 유적군은 규암제 양면가공 주먹도끼류로 대표되는 양면가공 대형석기가 특징적이다. 이 유적군을 대표하는 전곡리유적은 그 면적이 매우 넓고, 퇴적 층위의 양상이 지점별로 상이한 경우도 있으므로 두터운 유물 포함층에 대해 보다 세부적인 층위 구분과, 세부 층위별 석기의 비교 검토 등이 앞으로 진행될 필요가 있다. 후술하겠지만, 전곡리

---

21) 이 글에서는 '유적군'을 일정한 범위, 혹은 한정한 범위 내에 존재하는 유적들의 집합체라는 의미로 사용하였다.
22) 구석기유적에서 뗀석기를 포함하고 있는 유물출토층에 대해 각 조사보고서에서는 '문화층', '유물층', '포함층' 등 다양한 명칭을 사용하고 있다. 이 글에서는 보고자의 의도를 존중하여 그대로 사용하되, 이를 한꺼번에 칭할 경우 '유물포함층'이라 한다.
23) Tohru Danhara, Kidong Bae, Toshiniri Okada, Kazuto Matsufuji, Sohee Hwang, What is the real age of the Chongokni Paleolithic Site?, 『東北亞細亞舊石器研究』, 한양대학교 문화재연구소, 2002, pp.77~116.
이선복, 「임진강 유역 출토 주먹도끼 연구의 두 세 과제」, 『구석기학보』19, 2009, pp.3~18.
Kim Jin Cheul, Geochronology and Geochemical of Characteristics of Sediments at the Jeongokri Archaeological Site, Korea, 서울대학교 대학원 박사학위논문, 2009.8.

유적의 절대연대는 중국지역의 이른 시기 대형석기 유적들과 관련하여 한국 구석기시대의 개시기를 탐구하는 데 중요한 자료가 될 것으로 생각된다.

임진·한탄강권의 뒤를 이어 한강권의 갈둔유적 3, 4유물층과 하화계리 작은솔밭유적 4문화층, 백이유적 1문화층,[24] 동해중부해안권의 월소유적 4, 5문화층, 망상동유적 3유물층, 그리고 금강권의 만수리유적[25] 등이 약 10만년 전으로부터 약 7만년 전 무렵까지에 포함되는 유물포함층들이다. 이 중 망상동유적을 제외한 유적들에서는 주먹도끼가 공통적으로 출토되고 있다.[26] 주먹도끼는 석재 면에서 본다면 갈둔유적과 월소유적은 응회암을, 백이유적과 만수리유적은 규암을 이용하고 있다는 점에서 차이가 있으며, 제작방법이나 형태상으로는 매우 유사하다. 이들 유적에서 출토된 주먹도끼류는 임진·한탄강권에서 출토된 것들과 석재면에서만 차이를 보일 뿐 구분하기 힘들 정도로 유사하다. 따라서 절대연대 측정치로만 본다면, 한국 구석기시대의 주먹도끼는 OIS 5기까지는 일반적으로 존속했다고 볼 수 있을 것 같다.

6~7만년 전 무렵을 전후한 유적들로 한강권의 권곡동유적, 연양리유적과 금강권의 만수리유적이 있다. 이 시기의 유적들에서는 대형석기류의 비중이 점차 감소하고 특히, 주먹도끼류는 거의 자취를 감춘다. 소형석기가 증가함에 따라 석재면에서 석영의 비중이 점차 증가하는데, 석기 기종과 석재의 관계에 대해서는 뒤에서 다시 언급하도록 하겠다. 이 시기에 해당되는 한반도 내의 구석기시대 유적은 그 전후에 비하여 상당히 적은

---

24) 84,000±6000BP와 62,000±3200BP가 얻어졌으나 주먹도끼를 비롯한 대형석기군의 절대적 우세 양상과 다른 석기군의 절대연대를 참고할 때 전자의 신뢰도가 더 높다고 판단된다.
25) 모두 14개 지점을 4개 조사기관이 합동 조사함으로써 아직 종합보고서가 간행되지 않은 상태이다. 현재까지의 결과만 참고하면 1지점의 3~5유물층이 해당된다.
26) 망상동유적은 발굴면적이 매우 협소하므로 현재까지의 결과만으로는 주먹도끼가 없는 유적(혹은 석기군)이라고 단정하기는 어렵다.

편이다. 대략 OIS 4기에 속하는 이 무렵은 기온이 급격하게 한랭해졌던 것으로 알려져 있는데,[27] 이와 같은 기후 악화가 유적 감소의 원인 중 하나가 아닐까 짐작된다.

6만년 전 이후부터 유적 수는 급격히 증가된다. 5만년 대에 해당하는 유적은 한강권의 거두리유적 3유물층, 내외삼포리유적 3~6유물층, 모곡리유적 2~4유물층, 신가리유적 1유물층, 동해중부해안권의 망상동유적 2유물층, 영산 · 섬진강권의 도산유적 1~2문화층 등이다. 그리고 4만년 대에 해당하는 유적은 한강권의 백이유적 2문화층, 연봉유적 2~3유물층, 하화계리 작은솔밭유적 2유물층, 장기동유적 1문화층, 동해중부해안권의 기곡유적 A지구 2~3문화층, 금강권의 봉명동유적 아래층, 송두리유적, 영산 · 섬진강권의 당가유적 2문화층, 도산유적 3문화층 등이 있다. 그 뒤를 잇는 후기구석기 개시기에 근접하는 4만년 전 이후의 유적들로는 한강권의 갈둔유적 2유물층, 동해중부해안권의 평릉동유적 2유물층, 망상동유적 1유물층, 금강권의 용호동유적 2문화층 등이 있다.

6만년 전 이후의 유적들에서는 사실상 전형적인 주먹도끼류는 완전히 자취를 감추는 것으로 보인다. 홍천의 백이유적과 진천 송두리유적에서 소량의 주먹도끼가 보고되어 있기는 하지만, 석재는 이전의 주먹도끼 제작에 일반적으로 적용되던 규암이나 응회암계 석재가 아닌 석영제이며, 가공도 매우 불규칙하여 OIS 5기 무렵에 출토되는 주먹도끼들과는 거리가 있다. 그러나 대형석기 중에서 찍개류와 여러면석기는 전체적인 비중만 다소 감소하였을 뿐 여전히 대부분의 유적에서 출토되고 있다. 한편 이 시기의 석재는 규암이나 응회암계가 현저히 줄어들고 대체로 석영이 거의 대부분을 점하게 된다.

---

27) 한창균, 「한국의 후기구석기시대 자연환경」, 『한국고고학보』66, 한국고고학회, 2008, pp.4~47.

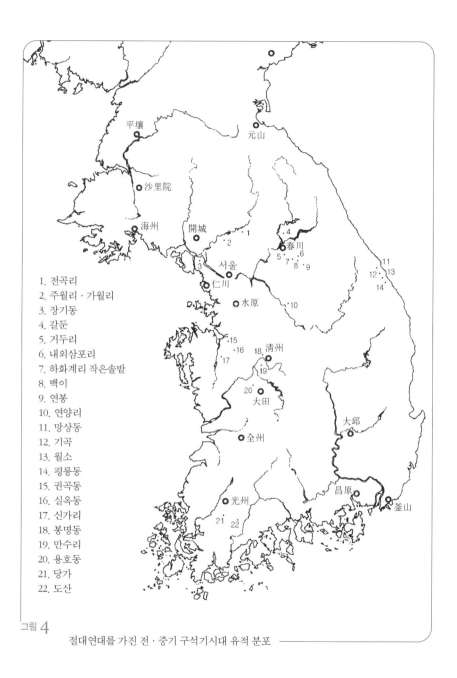

1. 전곡리
2. 주월리·가월리
3. 장기동
4. 갈둔
5. 거두리
6. 내외삼포리
7. 하화계리 작은솔밭
8. 백이
9. 연봉
10. 연양리
11. 망상동
12. 기곡
13. 월소
14. 평릉동
15. 권곡동
16. 실옥동
17. 신가리
18. 봉명동
19. 만수리
20. 용호동
21. 당가
22. 도산

그림 4

절대연대를 가진 전·중기 구석기시대 유적 분포 ────

〈표 2〉는 최근까지 조사된 4만년 이전의 유물포함층들을 절대연대를 기준으로 나열한 것이다. 다소의 오차 가능성에도 불구하고 절대연대를 대체로 수용할 경우 한국 구석기시대의 시작은 임진·한탄강권에서 비롯되었을 가능성이 높다. 그와 인접 지역인 한강권과 동해중부해안권, 금강권 북부에 비교적 이른 시기 유물포함층들이 분포되어 있어 그 가능성을 더해주고 있다.

한반도 남부지역은 6만년 이후인 OIS 3기 무렵에 접어들어서야 구석기 유적들이 나타나기 시작한다. 즉 시간이 흐름에 따라 한반도 중부지역에서 남부지역으로 점진적인 확산 양상을 보여주고 있는 것이다.〈그림 4〉 물론 이것은 한반도 전역에서 구석기유적의 조사가 고르게 이루어지지 않은 현 상황에서 보여지는 양상이므로 단정하기는 어렵다. 그러나 향후 조사가 확대되더라도 이와 유사한 양상은 유지될 것으로 추측된다. 한편 보다 남쪽에 위치한 일본열도에서 후기구석기시대 이전의 유적들이 매우 드문 것도 이러한 양상의 연장선상에서 이해될 수 있을 것이다.

표 2 _ 4만년 이전의 절대연대 현황

연대	유적 - 층위	절대연대(BP)	측정법 / 참고문헌
10만년 이상	전곡리(2지구)-현무암반	510,000±70000 500,000(K-Ar)	FT, K-Ar /Danhara 외 2002
	가월리	190,000±2400	TL /이선복 1996
	주월리	116,000±7300	TL /이선복 1996
10만년대	만수리(1지점)-5층	103,000±8000	OSL /이융조 2007
9만년대	갈둔-4층	98,000±5000 92,000±7000	OSL /최승엽 2008
	월소-최하층(7지층)	96,000±14000	OSL /예맥문화재연구원 2010b
	만수리(1지점)-4층	95,000±4000	OSL /이융조 2007
	전곡리-두번째쐐기아래	90,000~95,000	화산재(K-Tz) /Danhara 외 2002
	만수리(1지점)-3층	92,000±3000	OSL /이융조 2007
	월소-4층	89,000±4000	OSL /예맥문화재연구원 2010b
	갈둔-3층	86,000±6000	OSL /최승엽 2008

8만년대	망상동-3층	85,000±8000 92,000±4000	OSL /강원문화재연구소 2009c
	백이-1층	84,000±6000	OSL /강원문화재연구소 2009b
7만년대	월소-5층	79,000±5000/ 81,000±1000	OSL /예맥문화재연구원 2010b
	하화계리 작은솔밭-4층	79,000±4000	OSL /최복규 외 2004
6만년대	연양리	70,000±7000 67,000±3000 64,000±7000 63,000±4000(BC)	OSL /이정철 2007
	만수리(3지점)-2층	66,000±3000	OSL /이융조 2007
	권곡동	64,800±3500 64,500±4200	OSL /중앙문화재연구원 2006
5만년대	신가리-1층	59,900±2400 59,800±3000(BC)	OSL /박형순 외 2008
	내외삼포리-6층	58,000±4000	OSL /강원문화재연구소 2009a
	거두리-3층	57,000±4300	OSL /예맥문화재연구원 2006
	모곡리-4층	56,000±4000	OSL /예맥문화재연구원 2010
	망상동-2층	55,000±3000	OSL /강원문화재연구소 2009c
	모곡리-2, 3, 4층	51,000±3000 59,000±3000	OSL /예맥문화재연구원 2010a
	월소-3층	54,850±3320	AMS /예맥문화재연구원 2010b
	도산-2층	54,400±2100 53,300±4100	OSL /조선대학교박물관 2009
	내외삼포리-5층	53,000±3000	OSL /강원문화재연구소 2009a
	내외삼포리-4층	53,000±4000	OSL /강원문화재연구소 2009a
	덕이동(1지점)-2층	52,000±3200	OSL /강원문화재연구소 2009a
	내외삼포리-3층	51,000±4000	OSL /강원문화재연구소 2009a
	모곡리-3층	51,000±3000	OSL /예맥문화재연구원 2010a
4만년대	덕이동(2지점)	50,000±2600 42,500±4400	OSL /강원문화재연구소 2009a
	봉명동-아래층	49,860±2710 48,450±1370	AMS /이융조 외 1999
	장기동-1층	48,000±3300(상층)	OSL /전범환 2008
	연봉-3층	45,900±1200	AMS /최승엽 2007

	기곡(A지구)-3층	45,800±1600 37,260±820	AMS /이해용 외 2002
	도산-3층	44,200±2000 46,100±1700	OSL /조선대학교박물관 2009
	당가 2층	44,710±1150 45,380±1250	AMS /이헌종 2004
	월소-2층	43,450±790	AMS /예맥문화재연구원 2010b
	기곡(A지구)-2층	43,170±380/ 48,000이상	AMS /이해용 외 2002
4만년대	송두리	44,700±1500 (추정 중심연대)	AMS /중앙문화재연구원 2006
	백이-2층	42,000±1800 42,500±2600	OSL /강원문화재연구소 2009b
	연봉-2층	41,600±600	AMS /최승엽 2007
	하화계리 작은솔밭-2층	40,600±1500 39,000±2000	AMS /최복규 외 2004

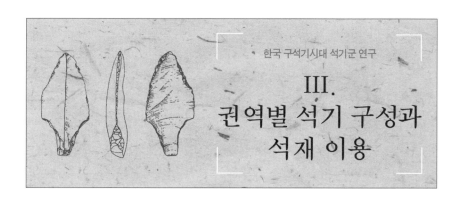

한국 구석기시대 석기군 연구

III.
권역별 석기 구성과
석재 이용

1. 임진·한탄강권

전곡리유적으로 대표되는 임진·한탄강권의 후기구석기시대 선행 유적들은 비교적 일정한 양상을 보여주고 있다. 이 지역의 대표 유적들은 연천 전곡리유적, 남계리유적, 원당리유적, 파주 금파리유적, 주월리유적, 가월리유적 등이며, 파주 와동리유적과 고양 덕이동유적이 최근 그 대열에 합류하고 있다. 주지하는 바와 같이 임진·한탄강유역의 유적에서 출토된 석기들은 99% 이상이 석영류[28]를 석재로 하여 제작되고 있다. 특히이 지역 유적들은 다수의 주먹도끼를 공반하는 것으로 특징 지워지는데,[29] 주먹도끼들은 비교적 완성도가 높고 형식이 다양하여 동아시아 대

---

28) 보고서 상에서 석재를 규암(quartzite, 석영암, 개차돌)과 석영(quartz, 맥석영, 차돌)으로 세분하지 않았거나, 어느 쪽인지 정확히 판단할 수 없는 경우, 혹은 양자를 한꺼번에 칭해야 하는 경우 이 글에서는 '석영류'로 총칭하기로 한다.

29) 지표조사와 발굴조사에서 수습된 주먹도끼의 수량이 엄격한 기준을 적용해도 100점에 가까울 것으로 추산된 바 있다(이선복, 「임진강유역 출토 주먹도끼 연구의 두 세 과제」, 『한국구석기학보』19, 2009, pp.3~18)

표 주먹도끼 유적군 가운데 하나로 인정받고 있다.

전곡리유적은 이 지역의 가장 대표적인 유적으로 1979년 조사가 시작된 이후, 지점을 바꾸어가며 10여 차례 발굴되었다. 가장 대규모인 2001년도 조사결과에 의하면, 전곡리유적 일대의 층서는 기본적으로 지표 아래부터 〈점토퇴적층〉-〈사질퇴적층〉-〈실트성퇴적물〉-〈현무암반〉 순으로 구성되어 있으며, 점토퇴적층에서 구석기가 출토되고 있다. 상당히 두텁게 퇴적되어 있는 점토퇴적층 내부에서 토양쐐기(soil wedge)가 5~6매까지 확인되기도 하고, 때로는 전혀 나타나지 않는 지점도 있다. 점토퇴적층 내에서는 구석기가 일정한 출토 범위를 갖고 있지 않으며, 층 내에서 전체적으로 출토되고 있다고 한다.[30] 이러한 상황을 종합해 본다면 토양쐐기층이 없는 지점의 경우 재퇴적과 같은 후변형 과정이 진행되었을 가능성에 대해 검토해 보아야 할 것이다. 토양쐐기와 함께 구석기가 출토되는 지점들은 층위가 안정된 것으로 전제하고, 각 쐐기층들을 기준으로 유물 포함층을 세분한 후 출토 유물의 세부적인 시기 구분에 주력하여야 할 것으로 생각된다.

2001년도 발굴에서 수습된 석기 462점은 점토퇴적층에서 출토된 것과 지표에서 채집된 것을 종합한 것이다. 시굴조사 유물 중 대형석기는 27점, 소형석기는 34점으로 대형석기류에는 주먹도끼〈그림 5〉·주먹찌르개·찍개·대형긁개·여러면석기 등이 있으며, 소형석기류에는 긁개·홈날·부리형석기·밀개·새기개 등이 포함되어 있다.〈그림 6〉 이 중 주먹도끼류는 크기는 다양하지만 전반적으로 매우 높은 정형성을 갖고 있으며, 석재는 대부분 규암이라는 공통점을 갖고 있다.

남계리유적은 전곡리유적과 거의 인접해 있는데, 유물 출토층은 2개로

---

30) 배기동·홍미영·이한용·김영연, 『전곡 구석기유적』, 한양대학교 문화재연구소, 2001.

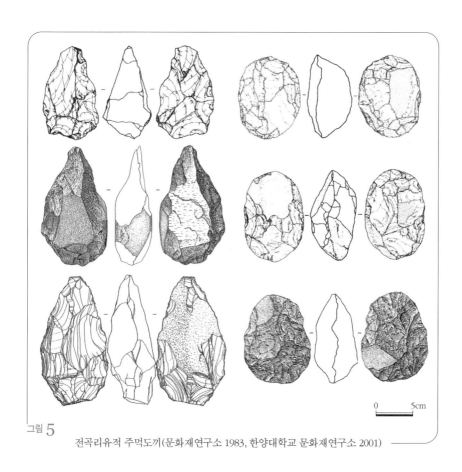

그림 5

전곡리유적 주먹도끼(문화재연구소 1983, 한양대학교 문화재연구소 2001)

구분되었다. 단순히 출토 석기에 대한 형식학적 판단에 의해 상부층은 후
기구석기시대, 하부층은 전기구석기시대로 편년되었다. 하부층 석기는
긁개, 밀개, 찌르개 등 소형석기류로만 구성되어 있다. 석재에 대한 통계
치는 제시되어 있지 않지만, 개별 기술된 것을 합산해보면 1~2점을 제외
하고는 모두 석영으로 제작되고 있다.[31]

31) 문화재연구소, 『연천 남계리 구석기유적 발굴조사 보고서』, 문화재연구소, 1991.

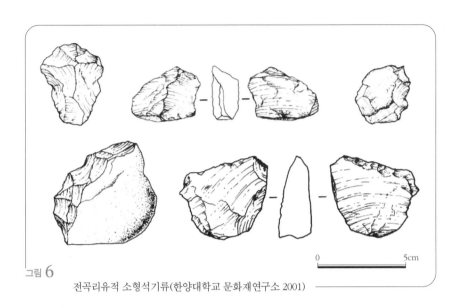

그림 6
전곡리유적 소형석기류(한양대학교 문화재연구소 2001)

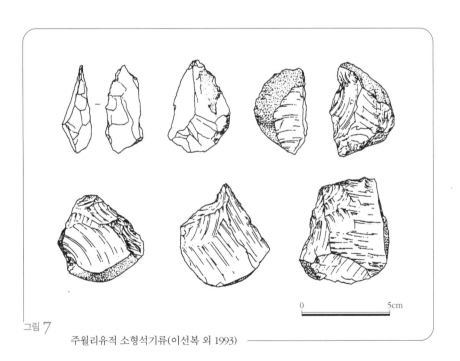

그림 7
주월리유적 소형석기류(이선복 외 1993)

전곡리유적에서 하류방향으로 약 15km 지점에 있는 파주 주월리 · 가월리유적은 1993년에 조사되었다.[32] 층서는 임진 · 한탄강권에서 조사된 유적들과 기본적으로 같으나, 유물포함층은 2개의 층으로 구분되고 있다. 지표에서는 상당량의 양면가공석기들을 비롯하여 찍개류와 같은 대형석기들이 수습되었다. 〈그림 8〉 대형석기들은 모두 규암제의 자갈돌이나 격

표 3 _ 주월리 · 가월리유적의 석재(단위 : %)

유적명(수량)	석영	규암
주월리(N=106)	88.7	11.3
가월리(N=48)	75.0	25.0

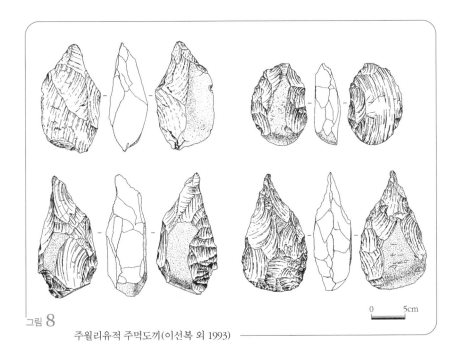

0   5cm

그림 8

주월리유적 주먹도끼(이선복 외 1993)

32) 이선복 · 이교동, 『파주 주월리 · 가월리 구석기유적』, 서울대학교 고고미술사학과, 1993.

지를 이용해 만들어졌다. 양면 가공석기들은 비교적 자연면을 많이 남기고 있으며, 첨두부를 집중 가공한 결과 상당히 뾰족한 날을 완성한 점이 인상적이다. 최근 발굴된 원당리 장남교유적에서도 뾰족한 날을 가진 대형석기가 출토되어〈사진 1〉임진·한탄강권 양면가공석기류에 독특한 면모가 있음을 짐작하게 한다. 석재는 발굴 유물에 한해서 〈표 3〉에서 보는 바와 같이 규암에 비해 석영의 비중이 높다.

원당리유적은 주월리유적과 인접한 유적으로 건국대학교 조사에서는 2개의 문화층이 조사되었다.[33] 그 중 아래

사진 1
원당리유적 주먹찌르개(필자 촬영)

문화층이 대형석기 비중이 다소 높은 편인데, 아래 문화층을 전기구석기 시대, 위 문화층을 중기구석기시대로 편년하고 있으나 연대결정을 위한 과학적 분석은 병행되지 않았다. A지구 아래 문화층(4층)에서 남한강 하류역의 양평 병산리유적에서 다수 발견된 바 있는 긴찍개(end-chopper)가 소량 출토되고 있어 주목된다. 흡사 본격적으로 석기를 만들기 전에 암질

33) 최무장, 『연천 원당리 구석기시대 유적(1차)』, 건국대학교 박물관, 1997.
　　최무장, 『연천 원당리 구석기시대 유적(2, 3, 4차)』, 건국대학교 박물관, 2001.

을 파악하기 위한 목적으로 한두 차례 가량 떼어보고 폐기한 듯한 형태를 보여 주는 이들 긴찍개는 병산리유적을 비롯하여 주로 남한강유역의 몇몇 유적들에서 나타나는 지역적인 석기유형 가운데 하나로 생각된다. 향후 이 유형의 찍개가 임진·한탄강권에서 지속적으로 출토되는지에 대한 관심이 필요할 것으로 생각된다.

원당리의 장남교 근처에서 2009년도 한양대학교에 의한 조사에서는 3개 문화층이 확인되었다.[34] 1지구의 두 번째 토양쐐기층의 아래에서 확인된 2개 층은 단일 유물포함층(하부유물층)으로 간주할 수 있는데, 층서상으로 보아 후기구석기시대보다 앞서는 것으로 판단된다. 하부유물층의

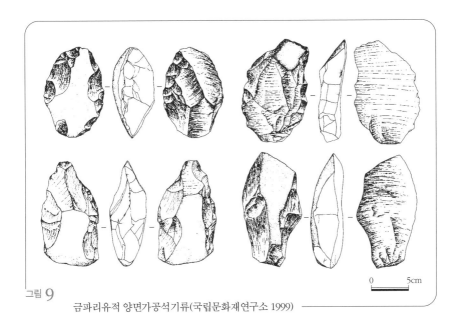

그림 9
금파리유적 양면가공석기류(국립문화재연구소 1999)

34) 한양대학교 문화재연구소, 『연천 원당리 장남교 구석기유적 발굴조사 지도위원회 자료집』, 2009.8.

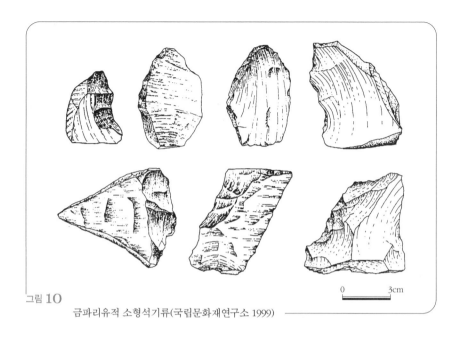

그림 10

금파리유적 소형석기류(국립문화재연구소 1999)

0   3cm

석기군 구성은 대형석기가 훨씬 우세하여 모두 19점의 대형석기들이 출토되었다. 대형석기류는 주먹도끼 8점을 비롯하여 가로날도끼 · 주먹찌르개 · 찍개 · 대형긁개 · 여러면석기 등으로 구성되어 있다. 반면 소형석기는 8점으로 긁개, 홈날, 톱니날 등이 포함되어 있다. 대형석기의 석재는 규암이 우세하며 소형석기는 석영이 우세하다.

금파리유적은 원당리유적에서 하류방향으로 약 7km 정도 지점에 위치하고 있다. 보고자는 석기가 출토된 층을 선후관계에 따라 3개로 구분하였는데, 하부 2개 층위에서의 석기 출토량은 매우 적다. 발굴 지구별로 출토석기의 양상은 조금씩 다른데, A지구는 주먹도끼 · 가로날도끼 · 찍개 등과 같은 대형석기〈그림 9〉가 우세한 반면, B지구는 긁개 등의 소형석기〈그림 10〉가 다소 우세하다. 보고자는 이것을 후퇴적과 같은 일종의 교란작용의 결과로 보고 있다. 석재에 대해서는 통계가 없어 전체적인 양

표 4 _ 전곡리유적과 금파리유적 격지의 석재(단위 : %)

유적(수량)	석영	규암	기타
전곡리(N=140)	70.7	27.9	1.4
금파리(N=337)	27.6	70.6	1.8

상을 알 수 없지만, 개별석기 기술에서 언급된 석재를 보면 대형석기들은 대부분 규암을 이용해 제작되고 있으며, 소형석기류에서도 규암의 비율은 상당히 높은 편이다. 이러한 경향은 금파리유적에서 출토된 격지만을 대상으로 한 암질 분류 결과에도 잘 반영되어 있다.〈표 4〉[35] 각 층위별로 석기들 간에 뚜렷한 기술적 차이를 발견할 수 없으며, 보고자는 유적의 형성 시기를 전곡리유적보다는 후행하는 전기구석기시대로 보고 있다.[36]

파주 운정지구유적은 한강 최하류역의 지류 중 하나인 곡릉천변에 입지한 유적이다. 매우 넓은 지역을 여러 조사기관이 나누어 조사하였는데, 지점에 따라 2개에서 3개까지 유물포함층이 나타나고 있다. 11지점과 19지점의 조사 결과에 의하면 최상부 토양쐐기를 포함하는 층에 '문화층'이, 그 상하에 각각 '유물층(유물포함층)'이 존재한다. 보고자는 주변 유적 층위의 편년 결과를 참고하여 하위에 있는 유물층을 4만 년 이전의 것으로 보았는데,[37] 석기는 매우 소량 출토되어 문화상을 파악할 수 없다. 4만 년 이후의 후기구석기시대 층으로 추정된 문화층과 상부 유물층에서는 규암제 주먹도끼 2점과 대형 찌르개, 찍개와 여러면석기 등의 대형석기들

---

35) 전곡리유적과 금파리유적의 몸돌/격지를 비교 분석한 결과 금파리유적 격지류의 정형도가 조금 더 높고, 격지를 뗀 횟수와 타격면을 전환한 빈도도 다소 높았으며, 몸돌은 금파리유적의 것이 상대적으로 큰 것으로 나타났다. 이 논문에서 정형도란 설정된 '유형'을 기준으로 한 것이 아니라 단순히 크기의 편차가 적다는 의미로 사용되었다.(황소희, 「금파리석기공작과 전곡리석기공작의 비교분석-박편과 석핵의 계측치 비교분석-」, 『금파리 구석기유적』, 국립문화재연구소, 1999, pp.363~388)
36) 국립문화재연구소, 『금파리 구석기유적』, 국립문화재연구소, 1999.
37) 경기문화재연구소, 『파주 와동리I 유적』, 경기문화재단, 2009.

이 출토되었고, 양적으로도 소형석기에 비해 그리 적은 편이 아니다. 상부 유물층은 보고서에서 제시한 상대편년에 의한다면 충분히 돌날 관련 석기들이 공반되어야 하지만, 상당히 넓은 면적이 발굴되었음에도 그렇지 않은 상황이다. 석재로는 주변에서 반입된 자갈돌이 있음에도 거의 원마되지 않은 모난돌을 사용하고 있는 점이 독특하다. 이러한 양상은 서해안과 인접한 저평한 구릉지대에 입지하고 있는 유적의 석기들과 매우 닮아 있다. 한편 한국선사문화연구원이 발굴한 지점에서는 규암제의 가로날도끼 〈사진 2〉와 여러면석기, 찍개 등과 같은 대형석기 중심 양상을 보여주고 있다.[38] 이로 볼 때 운정지구유적의 군소 석기군들은 임진 · 한탄강권의 이른 시기 석기군의 전통을 기본적으로 유지하면서, 한강본류와 금강권의 서해안 인접지역에 분포하는 모난돌을 주로 이용하여 석기를 제작하는 유

사진 2
운정지구유적 가로날도끼(한국선사문화연구원 2008)

38) 한국선사문화연구원, 『파주 운정(1)지구 내 유적 8차 발굴조사(34 · 35 · 36지점)』, 2008.

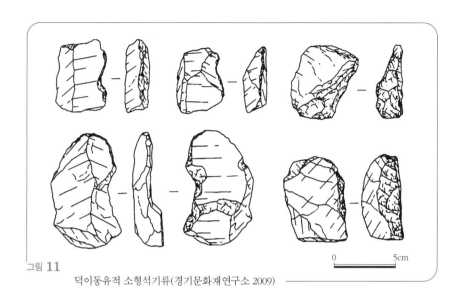

그림 11

덕이동유적 소형석기류(경기문화재연구소 2009)

0   5cm

적들과의 유사점이 함께 나타나는 지역으로 보인다.

고양 덕이동유적은[39] 파주 운정지구유적의 서남쪽에 인접해 있다. 1
지점에서는 2개의 문화층이 확인되었는데, 아래층에 해당되는 2문화층에
서는 OSL에 의해 52,000±3200BC의 절대연대를 얻었다. 석재는 원마도가
극히 낮은 석영을 주로 이용하였으며, 규암은 드물게 발견되고 있다. 석기
군은 주먹도끼를 포함하지 않으며 찍개·찌르개·여러면석기 등과 같은
대형석기류와 긁개, 밀개와 같은 소형석기류〈그림 11〉의 비율이 서로 비
슷하다. 한편 2지점은 하나의 문화층만 노출되었는데, OSL에 의해 42,500
±4400BC와 50,000±2600BC가 얻어졌다. 2지점의 석기 양상을 1지점과
비교해 보았을 때 눈에 띄는 차이점을 발견할 수 없다.

파주 운정지구유적과 고양 덕이동유적은 임진강의 직접적인 영향권

---

39) 경기문화재단 경기문화재연구소, 『고양 덕이동 구석기유적』, 2009.

III. 권역별 석기 구성과 석재 이용 **51**

하에서 다소 먼 지점에 위치해 있다. 운정지구유적은 양면가공석기의 비율이 현저히 감소하였고, 덕이동유적은 석재 면에서 규암이 거의 이용되지 않았고 층위도 임진강 본류역의 유적들과는 색다른 양상을 보여준다. 이와 같은 양상은 이들 유적이 위치한 지역이 한강 하류역과의 점이지대이기 때문이거나, 석재 환경의 차이 혹은 시기상의 차이 등 여러 가지 요인이 복합적으로 작용한 결과일 것으로 생각된다. 한강 최하류역의 김포와 인천지역에 분포하고 있는 후기구석기시대 선행 유적들에서도 이러한 경향은 비슷하게 나타나고 있다. 한편 발굴된 석기는 아니지만 임진·한탄강의 하류이자 한강의 하류이기도 한 강화도 동막리에서 지표 채집된 규암제 주먹도끼 1점은[40] 임진·한탄강유역의 석기제작 전통이 서해안까지 영향을 주고 있음을 보여 준다.

2. 한강권

1) 북한강유역

한강유역에서 조사된 4만 년 이전의 대표적인 유적들은 대부분 남·북한강의 중류역 이상에 위치해 있다. 북한강유역의 경우 양구 상무룡리유적이 가장 상류에 위치해 있고, 하류로 내려오면서 춘천 갈둔유적과 거두리유적이, 그 아래로 홍천 내외삼포리유적·백이유적·연봉유적·작은솔밭유적·모곡리유적 등이 차례로 분포하고 있다.

---

40) 국립대구박물관, 『인류의 여명, 동아시아의 주먹도끼』, 국립대구박물관, 2008, p.147.

북한강유역의 구석기시대 유적 가운데 최상류에 위치하고 있는 양구 상무룡리유적은[41] 강원대학교 조사구역에서 후기구석기시대보다 앞서는 문화층(II문화층)이 조사되었다. 주로 석영류를 이용한 대형 찍개와 첨두를 가진 석기들이 포함되어 있으며, 주먹도끼는 소량으로 소형화되었거나 상당히 거칠고 비전형적이다. 〈그림 12〉[42] 한편 소형석기들은 양적으로도 우세하며 날 잔손질 기술은 상당히 발달되어 있는 편이다. 〈그림 13〉

층위 내부에서 흑요석 2점이 발견된 점은 매우 이례적인데, 분석을 통해 흑요석의 절대연대를 확인해보아야 하겠지만, 현재로선 후기구석기시대가 아닌 유물포함층에서 흑요석이 발견된 매우 드문 사례 중 하나이다.[43] 흑요석에는 석영 입자가 다량 포함되어 있어 경희대학교 발굴지에서 출토된 흑요석과는 다른 기원을 갖고 있을 것으로 추정된다. 상무룡리유적에서 출토된 흑요석의 기원 문제에 대해서는 다각도의 접근이 있어 왔으나, 모두 후기 층에서 출토된 것을 대상으로 하고 있다. 따라서 향후 중기 이전의 층에서 출토된 흑요석의 원산지 분석도 시도해 볼 필요가 있다. 상무룡리유적의 석재는 석영과 규암을 구분하지 않고 '석영'으로만 보고되어 있어 기종별 석재 이용 경향은 확인하기 어렵다.

보다 하류인 춘천 인근에서 최근 조사된 거두리유적과 갈둔유적 석기들은 대체로 상무룡리유적 석기들과 유사한 양상을 보여주고 있으나, 적지 않은 양의 양면가공석기류가 공반되고 있어 주목된다. 갈둔유적은[44] 4

---

41) 최복규, 「강원대학교 조사」, 『상무룡리』, 강원대학교 박물관, 1989, pp.39~480.
42) 2문화층에서 모두 8점의 주먹도끼가 보고되어 있는데, 형태상으로는 주먹도끼와 유사하지만 주먹도끼의 속성을 갖춘 것들은 사실 매우 한정적이다.
43) 최근 조사된 홍천 모곡리유적의 2유물층에서도 흑요석 격지 1점이 수습되었다. 2유물층은 OSL에 의해 5만년대의 절대연대가 측정된 층으로, 절대연대를 가진 흑요석으로는 가장 이른 시기의 것이 된다. 그러나 발굴자에 의하면 흑요석의 출토 지점은 2유물층의 최상부이며, 1유물층에 속할 가능성도 없지 않다고 하였다.

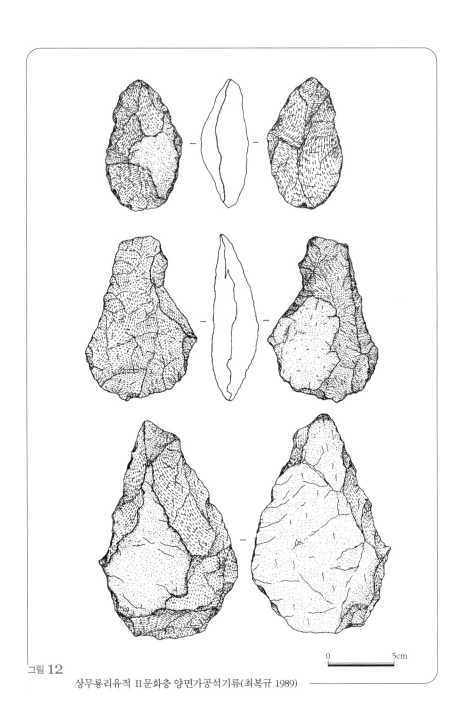

그림 12

상무룡리유적 II 문화층 양면가공석기류(최복규 1989)

상무룡리유적 II문화층 소형석기류(최복규 1989)

개의 유물포함층 가운데 3유물층과 4유물층이 후기구석기시대보다 이른
층들이다. 3유물층은 OSL로 86,000±6000BP의 절대연대를 얻었다. 출토
된 석기는 긁개와 같은 소형석기류가 우위를 점하고 있는데, 잔손질이 매
우 정연하고 집중도가 있다. 반면 대형석기인 찍개·주먹대패·여러면석
기는 소량 포함되어 있다. 몸돌은 대부분 10cm 이하로 큰 편이 아니며, 따
라서 격지들도 2~5cm 정도의 소형이 대부분이다. 석영이 전체 석재의
95%를 점하고 있고, 기타 규암과 산성화산암류가 소량씩 포함되어 있다.

 가장 하위 층인 4유물층에서는 92,000±7000BP와 98,000±5000BP의

44) 최승엽·김연주, 『춘천 금산리 갈둔 구석기유적』, 강원문화재연구소, 2008.

표 5 _ 갈둔유적 층위별 석재(단위 : %)

유적(수량)	석영	규암	기타[45]
3유물층(N=543)	95	2	3
4유물층(N=337)	79.9	4.6	15.5

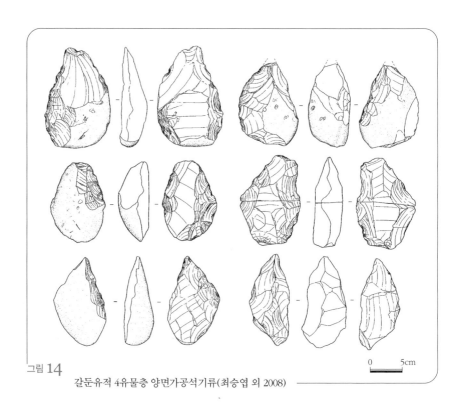

그림 14
갈둔유적 4유물층 양면가공석기류(최승엽 외 2008)

0   5cm

OSL 측정치가 얻어졌다. 긁개와 홈날, 밀개 등의 소형석기가 수량면에서
는 다소 우세하지만, 주먹도끼〈그림 14〉와 찍개 · 주먹대패 · 주먹찌르

---

45) '기타' 항목에는 대부분의 대형 양면가공석기를 만드는 데에 사용된 산성화산암류가 포
    함되어 있다.

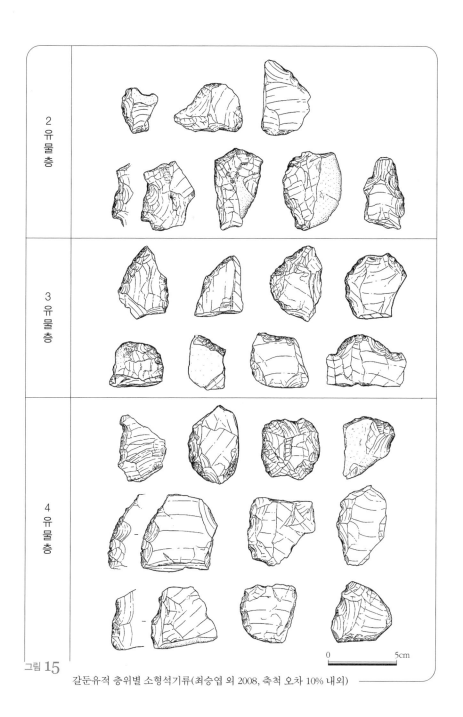

그림 15
갈둔유적 층위별 소형석기류(최승엽 외 2008, 축척 오차 10% 내외)

2 유물층

3 유물층

4 유물층

0   5cm

개·여러면석기 등의 대형석기 비중은 3유물층에 비해 증가했다. 주목할 만한 것으로 양면가공석기가 18점 공반되었으며, 양면가공석기의 석재는 규암이 아닌 산성화산암제가 압도적으로 많이 사용되었다는 점이다. 또한 몸돌의 크기가 전반적으로 커지고, 10cm 이상 되는 산성화산암제 대형 격지들도 발견된다. 4유물층 전체 석기의 석재는 석영이 79.9%로 줄었고 산성화산암류와 규암의 비중이 증가하였는데, 이들 석재는 주로 양면가공

사진 3
　　거두리유적 2유물층의 양면가공석기류(예맥문화재연구원 2006)

사진 4
　　거두리유적 2유물층의 소형석기류(예맥문화재연구원 2006)

석기류와 대형 격지를 제작하는 데에 이용되었다. 대형석기류를 제외하면 3유물층과 4유물층의 소형석기류 사이에서 뚜렷한 기술적 변화는 발견되지 않는다.〈그림 15〉

거두리유적은[46] 4개 유물포함층이 확인되었고, 그 중 하부에 위치한 3개의 유물층이 4만년 이전의 것으로 보고되었다. 가장 상부층에 해당하는 2유물층에서 많은 양의 석기가 출토되었는데, 소형석기의 비율은 낮은 편이며 주먹도끼와 찍개·주먹찌르개·등칼·여러면석기 등이 양적으로 우위에 있다. 주먹도끼는 모두 5점으로, 그 중 2점이 산성화산암제이고 3점은 규암제이다.〈사진 3〉3유물층과 4유물층에서 출토된 석기는 매우 적은데, 주로 대형석기들로 구성되어 있으며, 보고자는 일부 재퇴적된 것으로 판단하고 있다. 주먹도끼가 출토된 2유물층과 인접한 3유물층의 상부에서 OSL에 의해 57,000±4300BP의 절대연대를 얻었다.

북한강의 지류인 홍천강변에서는 홍천 내외삼포리유적, 백이유적, 연봉유적, 작은솔밭유적, 모곡리유적 등지에서 후기구석기시대보다 이른 시기의 유물층들이 확인되었다. 내외삼포리유적의[47] 유물포함층은 모두 6개 유물층으로 세분되었다. 그 중 51,000±4000BP~58,000±4000BP의 절대연대를 가진 층들에서 그리 많지 않은 양의 석기가 출토되었는데, 대부분 불규칙한 다각형몸돌과 소형 격지들이며 성형석기들은 매우 일부에 불과하고 가공의 정도는 미약한 편이다. 석재로는 석영이 압도적이며 화강암과 응회암류가 소량 포함되어 있다.

백이유적은[48] 3개 문화층 중 하부의 2개 문화층이 후기보다 이른 시기

46) 예맥문화재연구원,『춘천 거두2지구 택지개발 사업지구내유적 발굴조사 약보고서』, 2006.
47) 강원문화재연구소,『홍천 내·외삼포리 규석기유적』, 강원문화재연구소, 2009.
48) 강원문화재연구소,『홍천 백이·돌터거리·송정유적』, 강원문화재연구소, 2009.

표 6 _ 백이유적 층위별 석재(단위 : %)

구분	석영	규암	산성화산암	기타
2문화층(N=139)	20.9(24)	79.1(76)	-	-
1문화층(N=492)	48.7(17)	50.4(83)	28.6	0.3

* 괄호는 성형석기만의 석재 비율(%)임

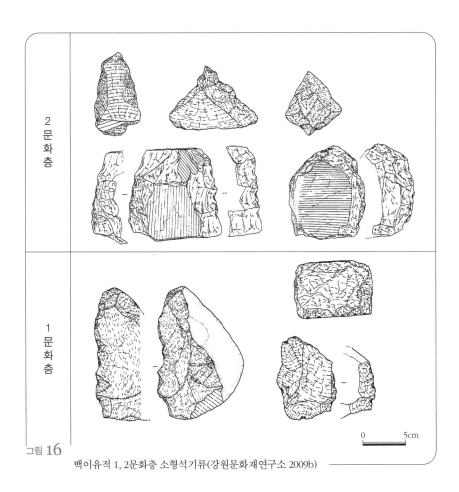

그림 16
백이유적 1, 2문화층 소형석기류(강원문화재연구소 2009b)

의 것이다. 가장 하부의 1문화층은 OSL에 의한 84,000±6000BP · 62,000
±3200BP의 절대연대를 얻었는데, 출토된 석기류는 주로 규암으로 제작

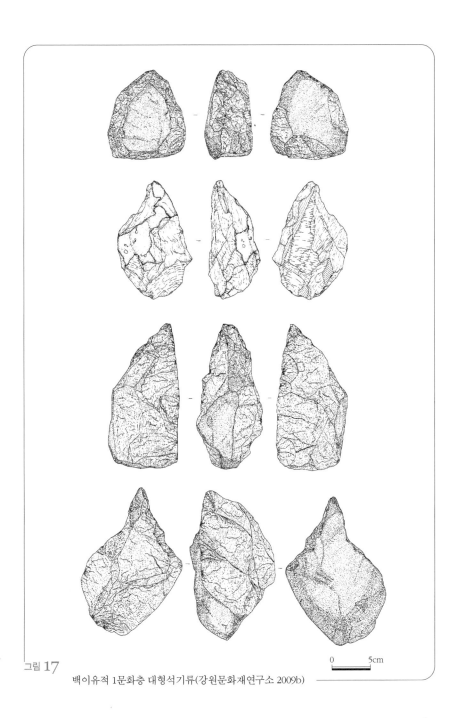

그림 17

백이유적 1문화층 대형석기류(강원문화재연구소 2009b)

0 5cm

된 주먹도끼·주먹찌르개·찍개·여러면석기 등과 같은 대형석기들이 훨씬 우세한 양상이다. 주먹도끼는 5점으로 모두 규암으로 제작되었으며〈그림 17〉, 주먹찌르개와 찍개류도 대부분 규암을 이용해 만들었다. 몸돌은 원마도가 별로 양호하지 않은 자갈돌의 편평한 면을 타격면으로 활용하여 가장자리를 돌아가며 격지를 떼어냈다. 그 결과 몸돌들은 다각면 기둥 형태와 같은 정형성을 갖게 되었다. 이것은 이른 시기 몸돌들이 갖고 있는 일반적인 경향이기도 하지만, 백이유적의 경우는 특히 하나의 평탄면을 중심으로 격지떼기가 정연하게 진행된 결과 몸돌의 형태뿐만 아니라 격지의 형태까지도 다른 유적에 비해 상대적으로 높은 규칙성을 보여 준다.

백이유적의 2문화층은 42,000±1800BP와 42,500±2600BP의 절대연대를 갖고 있다. 아래층에 비해 규암을 석재로 사용한 양이 더욱 증가하고 있지만, 실제 성형석기의 석재만 보았을 때 오히려 1문화층보다 2문화층에서 규암의 비중이 줄어들었음을 〈표 6〉에서 볼 수 있다. 2문화층의 주먹도끼 2점과 찍개·주먹대패·여러면석기 등은 규암제 비율이 월등하며, 소형석기들은 규암제와 석영제가 비슷한 비율을 보인다. 이것은 1문화층의 소형석기들이 대부분 규암으로 제작된 것과는 다소 달라진 석재 이용 경향이다. 2문화층의 몸돌은 1문화층과 같이 편평한 면을 가진 원마도가 낮은 모난 자갈을 사용하고 있어 유사한 특징이 연속되고 있음을 볼 수 있다. 그러나 시간적으로 선후 관계에 있는 1문화층과 2문화층의 석기들 간에 뚜렷한 변화의 양상은 찾아보기 어렵다.〈그림 16〉

하화계리 작은솔밭유적에서는[49] 4개 유물층 가운데 하위 2개 유물층이 중기 이전의 것으로 보고되었다. 가장 아래층인 4유물층에서는 반파된 것으로 보이는 주먹도끼 1점과 찍개 3점, 긁개 4점 등이 출토되었다. 석재

---

49) 최복규·안성민·유혜정, 『홍천 하화계리 작은솔밭 구·중석기유적』, 강원대학교 유적조사단, 2004.

는 모두 석영류이고 79,000±4000BP의 절대연대를 갖고 있다. 3유물층은 긁개와 밀개, 자르개 등 소형석기류의 비중이 크게 증가하였으며, 대형석기는 찍개와 주먹대패가 소량 포함되어 있다. 석재는 모두 석영류이며 일부 사암과 반암이 이용되었다.

연봉유적은[50] 3개 문화층 가운데 2유물층과 3유물층이 4만년 이전에 속한다. 2유물층에서는 AMS에 의해 41,600±600BP의 절대연대를 얻었다. 긁개·밀개·홈날 등이 소량씩 출토되었으며 격지와 몸돌도 비교적 소형이다. 〈그림 18〉 가장 하부 유물포함층인 3유물층에서는 토양을 이용

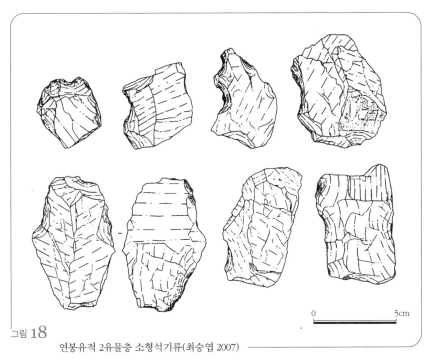

그림 18

연봉유적 2유물층 소형석기류(최승엽 2007)

---

50) 최승엽, 『홍천 연봉 구석기유적』, 강원문화재연구소, 2007.

한 AMS로 45,900±1200BP가 측정되었다. 찍개·주먹대패·대형 홈날석기 등 2유물층에 비해 훨씬 큰 대형석기들이 주로 출토되었다. 석재는 두 유물층 모두 석영으로 한정되어 있다.

모곡리유적은[51] 홍천강 하류에 위치하고 있으며, 북한강 본류역과 가깝다. 모두 4개 유물층이 확인되었는데, 가장 아래에 위치하고 있는 4유물층은 두 번째 토양쐐기를 포함하고 있는 층이다. OSL에 의해 56,000±4000BP의 절대연대가 측정되었다. 규암제 몸돌들과 찍개 1점이 출토되었으며, 석영제는 몸돌 1점뿐이다. 3유물층의 절대연대는 51,000±3000BP와 59,000±3000BP으로 석재는 역시 규암의 비중이 두드러지며, 성형석기는 모두 규암으로 제작되었다. 반면 2유물층부터는 규암 비중이 줄어들고 석영이 증가하기 시작하는데, 성형석기 역시도 석영으로 만들어진 것이 증가한다. 2유물층은 최상부 토양쐐기층을 포함하는 층으로, 절대연대가 52,000±3000BP와 57,000±3000BP가 나와 절대연대에 대한 신중한 검토가 필요할 것으로 생각된다. 석재로써 석영이 증가하는 현상은 후기구석기시대에 해당하는 1유물층에서는 더욱 뚜렷해짐을 〈표 7〉에서 볼 수 있다.

북한강유역 내에서, 특히 홍천강유역에 위치한 유적들에서 출토된 석

표 7 _ 모곡리유적 층위별 석재(단위 : %)

구분	석영	규암	흑요석	기타
1유물층(N=34)	30(4)	3	-	1
2유물층(N=60)	40(6)	18(3)	1	1
3유물층(N=43)	9	33(12)	-	1
4유물층(N=10)	1	9	-	-

* 괄호는 성형석기만의 석재 수량임

51) 예맥문화재연구원, 『홍천 모곡리유적 - 홍천 모곡~발산간 도로구간내 유적 발굴조사보고서』, 2010.

기군을 소양강유역의 유적들과 비교해 보면, 격지를 떼어내고 석기를 완성하는 기술적 수준은 홍천강유역의 석기군들이 전반적으로 뒤떨어져 있는 인상이다. 석영류가 주요 석재인 점은 서로 유사하지만, 규암이 아닌 응회암류와 같은 석재를 채용하는 경향도 홍천강유역에서 상대적으로 미약하게 나타난다. 게다가 절대연대 상으로는 소양강유역의 유적들이 홍천강유역의 유적들보다 전반적으로 앞서 있음에도 불구하고, 소형석기류의 날잔손질 정도와 형태적 완성도는 소양강유역의 석기들이 보다 앞서 있는 양상이다.

2) 남한강유역

남한강유역에서는 전-중기 구석기시대 유적이 조사된 예가 그리 많지 않다. 가장 상류역에 해당되는 영월 동강변에서 삼옥리유적[52]이 최근에 조사되었다. 토양쐐기 포함층 아래에서 석기가 출토되었는데, 여러면석기와 단순하게 가공된 찍개류가 압도적으로 많으며 주먹도끼는 1점 포함되어 있다. 유적이 위치한 곳이 석회암지대임에도 불구하고 흥미롭게 석재는 거의 대부분 석영류를 반입·이용하고 있다. 출토된 석기의 양상으로 보아 후기보다 이른 석기군으로 짐작되지만, 구체적인 내용은 보고서의 간행을 기다려야 할 것 같다.

남한강 본류역으로 좀 더 내려오면 단양 수양개유적이 있다. 수양개유적의 5지층이 중기구석기시대의 것으로 추정되었다. 그 상부인 후기구석기층 석기군이 셰일(shale)을 주요 석재로 이용한 것과는 달리 5지층에서

---

52) 강원문화재연구소, 『영월 동강리조트 조성부지내 유적발굴조사 지도위원회의 자료집』 2008.9.

는 대부분 규암제 자갈돌을 가공한 찍개 · 주먹대패 · 찌르개와 같은 대형
석기들이 출토되었다.[53]

보다 하류역인 충주지역에는 명오리유적과 금릉동유적이 있다. 명오
리유적은 석영류로 제작한 석기가 451점 출토되었고, 보고자는 이를 전곡
리유적의 영향을 받은 4~5만년 석기군으로 평가하였다.[54] 주먹도끼 · 주
먹찌르개 · 가로날도끼 등과 같은 대형석기들과, 긁개 · 밀개 · 찌르개 ·
홈날 · 톱니날 등의 소형석기들이 포함되어 있다.[55] 한편 명오리유적과
인접한 금릉동유적에서는 2개의 유물층이 확인되었고, 그 중 아래층인 1
유물층이 중기 이전의 것으로 추정되었으나,[56] 석영류로 만든 대형몸돌
과 격지 등 4점의 석기만 출토되어 구체적인 양상을 파악하는 데에는 한
계가 있다.

여주지역에서 최근 조사된 연양리유적은 단일 문화층을 가진 유적이
다.[57] 유물 출토층의 절대연대가 63,000±4000~70,000±7000BC로 남한
강 중류역의 후기구석기시대 이전 양상을 이해하기 위한 중요한 자료이
다. 이용된 석재는 석영이 주를 이루는 가운데 편마암 · 사암 · 편암 등이
소량 섞여 있다.〈표 8〉절대연대상으로는 주먹도끼를 공반할 가능성이 있

---

53) 이융조, 「단양 수양개구석기유적 발굴조사 보고」, 『충주댐 수몰지구 문화유적발굴조사
  종합보고서(Ⅱ)』, 충북대학교 박물관, 1984, pp.101~186.
  이융조, 「단양 수양개구석기유적 발굴조사 보고」, 『충주댐 수몰지구 문화유적 연장발굴
  조사보고서』, 충북대학교 박물관, 1985, pp.101~252.
54) 최무장, 「제원 명오리 B지구 유적 발굴조사 보고」, 『'83충주댐 수몰지구 문화유적발굴조
  사약보고서』, 충북대학교 박물관, 1984, pp.31~44.
55) 명오리유적의 유물포함층이 표토 바로 아래인 황갈색점토층이며, 소형석기들의 비율이
  높고 잔손질이 발달된 점, 창내유적과 수양개유적의 후기층에서 공반되고 있는 셰일제
  양면가공석기류가 발견되고 있는 점 등으로 볼 때 명오리유적의 석기들이 후기구석기시
  대 초반의 것일 가능성도 없지 않다.
56) 상부에 있는 2유물층의 숯을 이용한 AMS 측정에서 22,330±250BC의 연대를 얻었다.(우
  종윤 · 성정용 · 장흥선 · 함재욱, 『충주 금릉동유적』, 충북대학교 박물관, 2007.)
57) 이정철, 『여주 연양리 구석기유적』, 기전문화재연구원, 2007.

표 8 _ 연양리유적 석재(단위 : %)

구분	석영	편마암	규암	사암	편암	니암	혈암	화강암	규장암	기타
N=1782	63.5	14.3	12.9	4.7	2.2	0.7	0.5	0.5	0.5	0.3

표 9 _ 연양리유적 주요 석기별 석재(단위 : %)

구분	석영	규암	편마암	기타
찍개류(N=27)	57.1	10.7	28.5	3.7
몸돌(N=79)	60.8	25.3	10.1	3.8
격지류 (N=204)	78.4	10.3	9.8	1.5

는 석기군이지만, 수습된 석기들 중에 주먹도끼는 포함되어 있지 않다. 찍개가 전체 성형석기의 절반 이상을 차지하는 가운데, 여러면석기ㆍ대형긁개와 같은 대형석기군이 압도적인 수량을 점하고 있다.

　주요 석기에 대한 석재 통계를 보면, 전체 성형석기의 절반 이상을 차지하는 찍개는 규암과 편마암이 40% 가량을 점하고 있는 반면, 격지는 석영이 약 79%를 차지하고 있어 목적에 따른 석재의 차별적 이용 양상이 분명히 존재함을 알 수 있다. 〈표 9〉 그리고 석영제 몸돌이 61%임에 비해 석영제 격지의 비율이 79%인 것은 규암이나 편마암제 몸돌보다 석영제 몸돌에서 더 많은 격지가 생산되었음을 보여 준다. '더 많은 격지' 의 의미는 실제로 더 많이 생산하려 했던 의도의 결과일 수도 있지만, 여러 개의 작은 조각으로 깨어지는 석영의 물리적 특성에서 비롯된 결과일 수도 있다. 따라서 그 의미에 대해서는 신중한 검토가 뒤따라야 할 것이다. 실제로 격지류 가운데 석영제는 2~3cm 가량의 소형도 상당량 포함되어 있지만, 규암제는 소형 격지가 드물고 대체로 일정 크기 이상을 유지하고 있다.

　병산리유적은 연양리유적에서 좀 더 하류쪽에 위치해 있다. 병산리유적에서 확인된 3개 문화층 가운데 가장 하층인 3문화층이 중기구석기시대, 그 위의 2문화층이 중기~후기구석기시대의 것으로 보고되었다.[58] 후

그림 19
연양리유적 소형석기류(이정철 2007)

0   5cm

구구석기시대 층인 가장 상부의 1문화층 석기들은 석영으로 만든 소형석기 위주인 것에 비해, 2문화층은 대형몸돌과 찍개, 여러면석기 등의 대형석기류가 포함되어 있고, 석재도 규암 중심으로 변화되고 있다. 3문화층의 석기는 출토량이 매우 적지만 역시 규암제 석기가 대부분이다. 한편 지표에서 주먹도끼 2점이 수습되었는데, 첨두형은 사암제이고 타원형은 규암제이다.〈그림 20〉석재만으로 추정한다면 이 주먹도끼들은 2문화층이나 3문화층에서 노출된 것일 가능성이 높다.

병산리유적의 석기를 인접한 연양리유적과 비교해 보면 흥미로운 사실을 발견할 수 있다. 연양리유적에서는 원마도가 양호한 장타원형의 자갈돌을 이용해 제작한 매우 단순한 찍개들이 상당량 출토되었다. 이 찍개

---

58) 윤내현 · 한창균,『양평 병산리유적』, 단국대학교 중앙박물관, 1992.
　　윤내현 · 한창균,『양평 병산리유적(2)』, 단국대학교 중앙박물관, 1994.

들은 자갈돌의 긴 방향 한 쪽 끝을 가공한 것으로, 적게는 2차례에서 많게
는 5차례 가량의 떼기만으로 날을 완성하고 있다. 이러한 형태의 찍개는
형식 분류상 긴찍개(end-chopper)에 속하는 것으로 병산리유적에서도 이
와 동일한 찍개들이 다수 출토되었다.[59] 또한 이 석기들은 석재 면에서

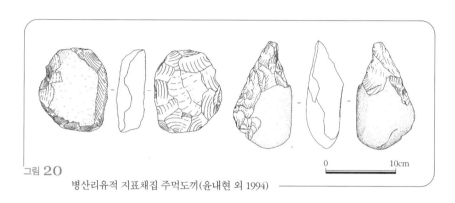

그림 20
병산리유적 지표채집 주먹도끼(윤내현 외 1994)

0   10cm

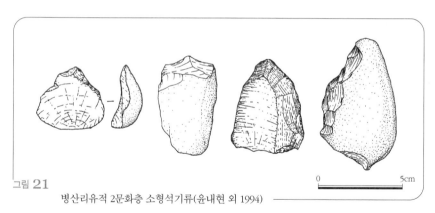

그림 21
병산리유적 2문화층 소형석기류(윤내현 외 1994)

0   5cm

59) 병산리유적에서 출토된 찍개의 경우 날의 가공은 단면가공이 절대 우세하며, 대개 2~3차
례의 떼기로 완성을 한다. 날지수는 형태적 특성상 평균 0.25로 낮은 편이며, 날의 각도는
60~80도가 가장 많다.(손기언, 『병산리유적의 구석기시대 찍개 연구』, 단국대학교 대학
원 석사학위논문, 1996.)

석영류 이외에 편마암을 상당량 이용하고 있다는 점에서도 공통점을 갖고 있다. 영월 삼옥리유적은 아직 보고서가 간행되지 않아 자세한 양상을 알 수 없지만, 이러한 유형의 긴찍개가 다수 눈에 띈다. 이 석기는 남한강이라는 동일한 하계망 내에 인접해 있는 여러 유적들에서 공반되고 있어, 이 유적들 간에 어떠한 관련성이 있음을 말해주는 것이 아닐까 생각된다. 이 긴찍개의 지역성을 반영하기 위해 가장 먼저 발견된 유적명을 따라 '병산리형 찍개'로 명명하고자 하며, 긴찍개에 대해서는 뒤에서 좀 더 구체적으로 언급하도록 하겠다.

병산리유적과 그리 멀지 않은 거리에 한강의 작은 지류인 곤지암천변으로 삼리유적이 형성되어 있다. 삼리유적에서는 3개의 문화층이 확인되었고, 보고자는 그 가운데 가장 아래층인 3문화층을 중기구석기시대의 늦은 시기로 편년하였다.[60] 모두 4개의 지역에서 소량씩 출토된 3문화층의 석기는 찍개와 여러면석기가 중심을 이루고 있으며 긁개와 홈날, 톱니날 석기가 소량 포함되어 있다. 〈그림 22〉

3문화층 전체 석재 현황은 〈표 10〉과 같은데, 전체 문화층의 석재 구성과 비교하면 3문화층이 규암의 비중이 훨씬 높음을 보여준다. 특히 성형석기만 보았을 때 규암 이용률은 33.9%로, 3문화층 전체 석재 통계보다 더 높게 나타났다. 반면 몸돌은 석영이 88.6%, 규암이 11.4%로 전체적인 비율과는 정반대 경향을 보여주며, 이는 조각돌의 석재 비율(석영 80.4%, 규

표 10 _ 삼리유적 3문화층 석재(단위 : %)

구분	석영	규암	기타
3문화층(N=308)	69.5(48.1)	25.8(33.9)	4.7
전체 (N=3,900)	83.1	10.9	6.0

* 괄호는 성형석기만의 석재 비율임

---

60) 한창균 · 홍미영 · 김기태, 『광주 삼리 구석기유적』, 기전문화재연구원, 2003.

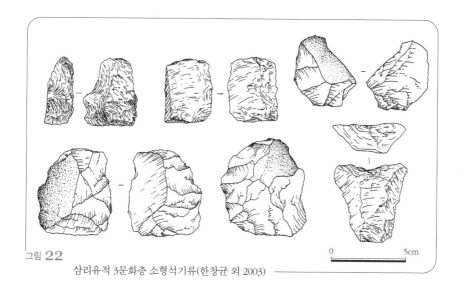

그림 22
삼리유적 3문화층 소형석기류(한창균 외 2003)

0   5cm

암 10.9%, 기타 8.7%)과 거의 일치해 석영으로는 주로 작은 격지떼기가
행해졌다는 것을 알 수 있다.[61]

3) 한강본류역

남한강과 북한강이 합수하는 양평지역부터 서울의 서부지역까지는 이
미 도시화가 상당히 진전되어 발굴조사의 기회가 많지 않고, 따라서 조사
된 유적의 수도 적다. 다만 도시 중심부를 벗어난 서해 인접 지역에서는
새로운 유적 조사 자료가 꾸준히 증가하고 있다. 한강 본류역의 전-중기
구석기시대 주요 유적들은 북쪽으로부터 김포 장기동유적 · 신곡리유적,

---

61) 3문화층의 석재 통계는 보고서 상에 별도로 제시되지 않았으며, 본문의 개별 석기 기술에
   제시된 석재 항목을 합산하여 제시하였다. 이 과정에서 일부 오차가 있을 수 있다.

인천 불로동유적·원당
동유적, 천안 두정동유
적, 아산 권곡동유적·실
옥동유적, 예산 신가리유
적 등을 꼽을 수 있다.
　한강의 최하류역에
위치한 김포 장기동유
적은[62] 확인된 3개의 문
화층 가운데 최하층인 1
문화층이 OSL 측정 결
과 최소 48,000±3300BC
이전에 형성된 것으로
보고되었다. 보고서가
미간이라 상세한 내용
을 알 수 없지만, 1문화
층에서 출토된 석기들
은 석영류로 다각형몸
돌·여러면석기·찍개
등으로 구성되어 있다.
한편 그 위의 2문화층은

사진 5　　장기동유적 2문화층 주먹도끼(전범환 2008)

사진 6　　장기동유적 2문화층 대형격지(전범환 2008)

30,800±2600BC의 절대연대에도 불구하고, 출토된 석기 양상은 규암제
주먹도끼를 비롯하여 대형 격지류 등이 공반되고 있어〈사진 5와 6〉임

62) 한국문화재보호재단, 『김포 장기지구 문화유적 발굴조사 -5차 지도위원회 자료-』, 2007.9.
　　전범환, 「김포 장기동유적의 발굴조사 성과」, 『한국구석기학보』17, 한국구석기학회,
　　2008, pp.1~16.

진·한탄강권의 전-중기 석기군들과 상당히 닮은 모습을 갖고 있다. 한편 가장 상위층인 3문화층에서 OSL 연대가 30,200±2000BC으로 측정되어 2문화층의 절대연대는 신중히 검토할 여지가 있을 것으로 생각되며, 기존 구석기유적의 층위 관련 연구성과에 비추어 볼 때 후기구석기시대보다는 앞선 시기의 층일 가능성이 높아 보인다.

장기동유적으로부터 약 10km 상류 지점에 위치한 김포 신곡리유적[63]에서는 제한된 면적에서 소량의 석기가 출토되었다. 규암과 석영으로 제작된 주먹도끼 2점을 비롯해 찍개·대형긁개 등이 중심을 이루고 있어 장

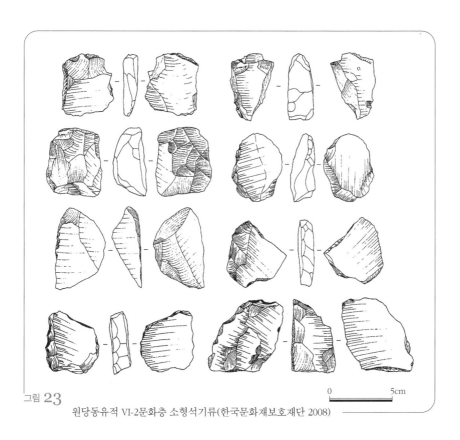

그림 23 원당동유적 Ⅵ-2문화층 소형석기류(한국문화재보호재단 2008)

0   5cm

기동유적과 유사한 양상을 갖고 있는 것으로 보인다. 절대연대는 없지만, 유물 포함층이 두 번째 토양쐐기층의 하부에 위치해 있어 중기구석기시대 이전의 석기군으로 생각된다.

인천 원당동유적은 한강 하류의 지류 중 하나인 계양천과 서해로 직접 유입되는 다남천 사이에 위치한 유적이다.[64] 단일 포함층으로 절대연대는 없으나 김포 신곡리유적과 마찬가지로 두 번째 토양쐐기층의 하단에서 유물이 출토되고 있어 후기보다 이른 시기 석기군으로 추정된다. 상당히 넓은 면적이 조사되었지만 출토유물은 많지 않다. 석재는 석영과 규암이 주로 사용되었는데, 대형석기류에는 두 석재가 혼용된 반면, 소형석기류는 거의 석영을 위주로 제작되었다. 보고자의 석기분류에 따르면 여러면

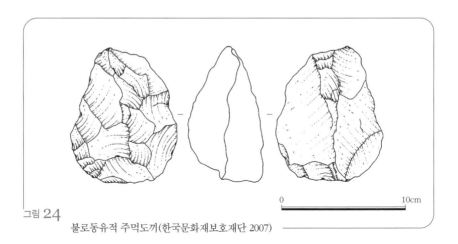

0   10cm

그림 24
불로동유적 주먹도끼(한국문화재보호재단 2007)

63) 한국문화재보호재단, 『김포 신곡3지구 공동주택부지 문화유적 발굴(시굴·분포)조사』, 2007.10(3차 지도위원회 자료)
한국문화재보호재단, 『김포 신곡3지구 공동주택부지 문화유적 발굴조사』, 2007.12(4차 지도위원회 자료)
64) 보고자는 유물포함층이 재퇴적된 것으로 분석하였다.(한국문화재보호재단, 『인천 원당동유적(II)』, 한국문화재보호재단, 2008)

석기 · 주먹대패 등 대형석기들을 포함하고 있으나 긁개 · 밀개 등의 소형
석기가 우세한 양상이다. 〈그림 23〉

한편 원당동유적과 인접하여 불로동유적이 조사되었는데,[65] 층서와
유물 출토층의 위치 등이 원당동유적과 거의 동일하다. 석재는 대부분 석
영이며, 주먹도끼〈그림 24〉 · 찍개 · 밀개 · 새기개 등이 소량씩 포함되어
있는데, 전반적으로 대형석기류가 우세하다.

원당동유적과 불로동유적의 석기들은 모난돌에 가까운 원마도가 낮은
석영 자갈돌을 주로 이용하여 제작되었으며, 석기로서의 가공 정도는 매
우 낮은 편이다. 대형석기들도 정형적이지 못해 인접하고 있는 장기동유
적과는 석재나 석기제작 기술면에서 상당히 다른 양상을 보여주고 있다고
평가된다.

금강권과의 경계부에 해당되는 천안 · 아산 · 예산지역에서는 최근 여
러 유적들이 알려지고 있다. 천안의 두정동유적은[66] 곡교천 지류인 천안
천의 최상류역에 위치하고 있다. C지구와 D지구에서 구석기가 발견되었
는데, 이 중 C지구의 석기들이 퇴적 층위 상으로 후기보다 이른 시기의 것
들로 판단되었다. 76점의 석기 석재는 모두 석영이며, 찍개 3점을 제외하
면 모두 소형석기들이거나 격지류들로 구성되어 있다. 〈그림 25〉 석재로
사용된 석영은 원마도가 불량한 자갈이거나 모난돌이다. 석재의 이러한
특성은 유수 에너지가 낮은 소규모 하천유역의 입지 환경으로부터 비롯된
원석의 한계에서 비롯된 것으로 생각된다.

아산 권곡동유적은[67] 두정동유적에서 곡교천 방향으로 직선거리

65) 한국문화재보호재단, 『인천 불로동유적』, 한국문화재보호재단, 2007.
66) 한창균 · 홍미영 · 최삼용 · 김기태, 「두정동 구석기시대의 유적과 유물」, 『천안 두정동유
   적 C · D지구』, 충청매장문화재연구원, 2001, pp.69~116.
67) 현대환 · 김환일, 『아산 권곡동유적』, 중앙문화재연구원, 2006.

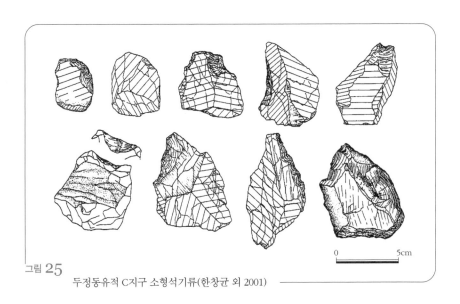

그림 25

두정동유적 C지구 소형석기류(한창균 외 2001)

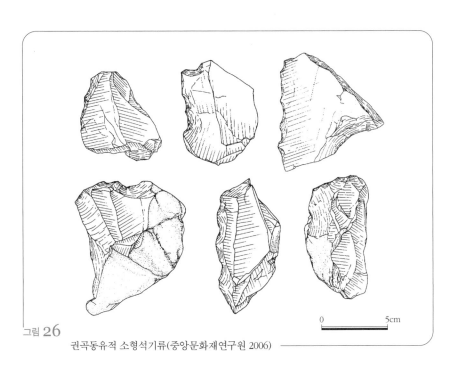

그림 26

권곡동유적 소형석기류(중앙문화재연구원 2006)

13km 가량의 거리에 위치하고 있다. 단일 포함층을 가진 유적으로 석기가 출토된 5지층의 상부에서 OSL에 의해 64,500±4200BP의 절대연대가 측정되었다. 출토된 석기는 총 73점으로, 그 중 성형석기는 13점에 불과하다. 석재는 원마도가 낮은 자갈돌이거나 모난 석영을 주로 이용하였다. 5점의 여러면석기 외에 긁개·밀개·홈날과 같은 소형석기들로 구성되어 있다. 잔손질은 불규칙하고 단순한 편이다.〈그림 26〉

실옥동유적은[68] 권곡동유적에서 하류 방향으로 불과 2.5km의 거리에 있다. 모두 3개의 문화층이 조사되었으며, 그 중 가장 하부에 해당하는 3문화층이 '중기구석기시대 늦은 시기'로 보고되어 있다. 출토된 석기류는 규암으로 만든 찍개·주먹찌르개·타원형의 양면(가공)석기·여러면석기 등 주로 대형석기 중심의 구성을 보인다. 소형석기류인 석영제 긁개·밀개·홈날 등이 포함되어 있으나 제작기술은 조악하고 단순한 편이다.〈그림 27〉

실옥동유적의 3문화층은 두 번째 토양쐐기층에 속해 있어 권곡동유적의 문화층에 비해서 오래된 것으로 추정된다. 권곡동유적과 실옥동유적은 두정동유적과 마찬가지로 석재로 선택된 자갈돌은 거의 모난돌에 가까울 정도로 원마도가 불량하다는 공통점을 보여주고 있어, 석재를 선택하는 경향면에서 세 유적이 공통분모를 갖고 있다고 할 수 있다. 이것은 주로 입지적 특성에서 비롯된 결과로 생각되는데, 상대적으로 불리한 석재환경임에도 불구하고 구석기인들이 유적을 형성시킨 배경은 향후 연구과제라 할 수 있다.

예산 신가리유적은[69] 삽교천의 상류역에서 발견되었는데, 출토된 석기가 매우 적어 유적의 성격을 파악하기 어렵다. 2개의 유물층에서 석영

---

68) 한창균·허의행,『아산 실옥동유적』, 충청문화재연구원, 2006.
69) 박형순·한창균,『예산 신가리유적』, 충청문화재연구원, 2008.

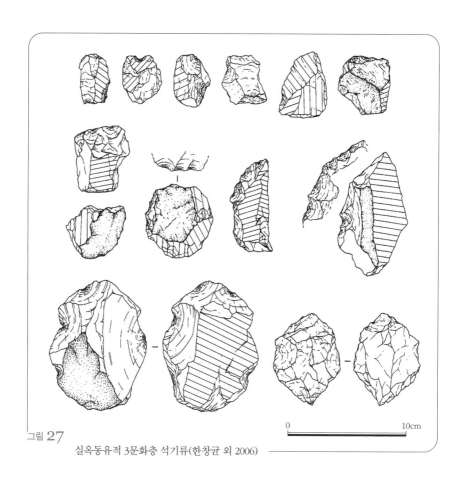

그림 27

실옥동유적 3문화층 석기류(한창균 외 2006)

류로 만든 24점의 석기가 출토되었는데, 상부의 1유물층에서는 긁개 1점, 하부의 2유물층에서 찍개 · 여러면석기 · 홈날 · 긁개 등이 발견되었다. 1유물층에서 OSL을 이용해 57,400±3500~59,900±2400BC,[70] 2유물층의 상부층에서 54,500±3000BC · 60,000±3200BC의 절대연대를 얻었다. 석기의 양이 매우 제한적이긴 하지만, 아래층인 2유물층에서는 규암이 석재

---

70) 보고자는 1유물층이 토양쐐기포함층이므로 절대연대에 오류가 있을 가능성을 지적하였다.

표 11 _ 신가리유적 층위별 석재(단위 : %)

구분	석영	규암	기타
1유물층(N=6)	6	-	-
2유물층(N=18)	14	3	1

로써 사용되었으나 1유물층에서는 모두 석영만 사용되어 석재 이용상의 변화를 엿볼 수 있다. 〈표 11〉

현재까지 발굴된 자료로만 볼 때 한강권의 하류 남서부에 위치한 유적들은 대부분 규모가 크지 않고 출토된 석기의 수량도 발굴된 면적에 비해서는 적다는 공통점을 보여 준다. 석기의 양상도 잔손질의 정도가 미약하고 조악하며, 석재는 대부분 석영으로써 주로 모난돌이거나 원마도가 낮은 각진 자갈돌을 이용하고 있다. 아마도 이 지역의 하천들이 수량이 풍부하지 않은 데다가, 저지대를 서행함으로써 유속이 느려져 석기의 재료가 될 만한 양질의 자갈을 충분히 만들어내지 못한 때문으로 생각된다. 이와 같이 양호하지 못한 석재 환경은 석재로써 매끈한 자갈돌을 선호하던 한반도의 구석기인들에게는 매력적이지 못한 환경이었을 것이다. 그럼에도 불구하고 이 지역에 다수의 유적이 형성되게 된 배경으로는 당시 인구압에 의한 확산과정에서 불가피한 임시 정착이 이루어졌다든지, 조악한 석재환경을 보상할 만한 풍부한 식량원의 존재 가능성 등을 추측케 한다. 그리고 보다 내륙의 대형 유적들과 관련해 본다면, 이 지역의 소규모 유적들은 내륙에 주 살림터를 갖고 있는 구석기인들의 사냥용, 혹은 계절에 따라 주기적으로 이용했던 임시 캠프일 가능성도 있다. 이러한 의문은 이 지역에 대한 고고학적 자료가 좀 더 확보되고, 고환경연구를 비롯해 주변 유적과의 관계를 검토함으로써 해소해야 할 연구과제 중 하나이다.

3. 동해중부해안권

동해중부해안의 구석기시대 유적 분포는 휴전선에 인접한 고성으로부터 시작되지만 대부분 소규모 시굴조사로 10~20여 점씩의 석영류 석기들만이 수습되어,[71] 유적의 시기나 성격을 파악하기가 쉽지 않다. 그러나 1961년 고성 죽정리 화진포 주변에서 최숙경에 의해 수습된 편암제 주먹도끼 1점의 존재는[72] 향후 조사의 진전에 따라 이 지역에서 전-중기의 유적이 발견될 수 있음을 시사한다. 〈그림 28〉

속초와 양양지역에서는 아직까지 4만년 이전의 유적이 보고된 바 없고, 강릉지역에서 몇 개소의 유적이 조사되어 있다. 내곡동유적은 남대천의 하안단구상에 형성된 유적으로 사암제 자갈돌로 만든 주먹도끼 1점〈그림 29〉이 발견되었다.[73] 안현동유적은 해안과 인접한 경포호수의 북쪽에 위치하고 있는데, 모두 3개의 구석기시대 유물층이 발견되었다.[74] 약보고상에서는 유물층의 시기에 대한 언급이 없으나 가장 아래에서 발견된 3유물층은 후기구석기시대보다 이른 시기의 층으로 보인다. 이 층에서는 석영류로 만든 100여 점의 석기가 발견되었는데, 성형석기의 비율은 매우 낮으며 소형 긁개와 홈날, 격지류 등이 주로 포함되어 있다.

해안을 따라 좀 더 남쪽으로 내려오면 정동진 해안단구 상면에 심곡리유적이 위치하고 있다. 심곡리유적은 단일 문화층 유적으로 '상부점토

---

71) 예맥문화재연구원, 『국도7호선(간성-현내) 도로공사 구간내 유적 발굴조사』, 2006.(1차 지도위원회 자료)

72) 최숙경, 「고성군 현내면 죽정리 발견 주먹도끼에 대하여」, 『이화사학연구』 17·18合, 이화사학연구소, 1988, pp.265~269.

73) 최승엽·홍성학, 「중부동해안 구석기유적의 분포범위 확산을 위한 노력(1)」, 『박물관지』 8, 강원대학교 중앙박물관, 2001, pp.17~40.

74) 예맥문화재연구원, 『강릉 샌드파인리조트 신축공사부지내 유적 발굴조사 약보고서』, 2009.8.

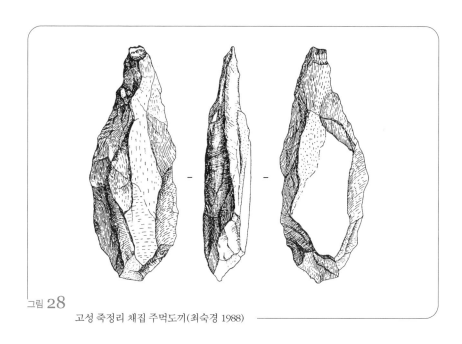

그림 28
고성 죽정리 채집 주먹도끼(최숙경 1988)

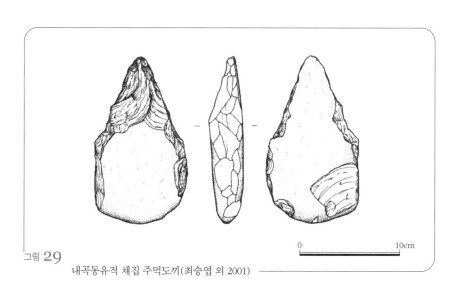

그림 29
내곡동유적 채집 주먹도끼(최승엽 외 2001)

층'에서 석기가 출토되었다. 성형석기의 비율은 매우 낮은 편인데, 석기 구성은 대형 찍개가 중심을 이루고 있으며, 긁개 · 몸돌 · 소량의 양면가공석기〈그림 31〉들이 포함되어 있다.[75]

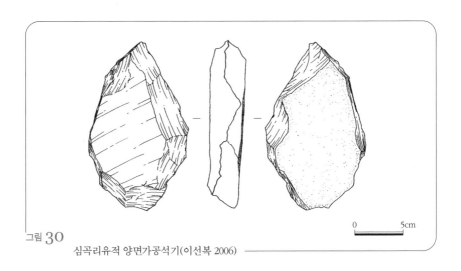

그림 30
심곡리유적 양면가공석기(이선복 2006)

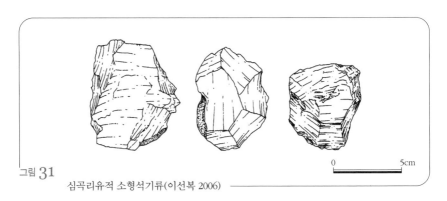

그림 31
심곡리유적 소형석기류(이선복 2006)

75) 이선복, 『심곡리 구석기유적 발굴조사보고서』, 서울대학교 박물관, 2006.

석재는 석영류가 대다수이나 규질사암도 종종 이용되었다. 발굴조사에서 출토된 양면가공석기는〈그림 30〉사암으로 제작되었으며, 지표에서 채집된 양면가공석기의 석재는 응회암류로 매우 날카롭고 뾰족한 첨두부를 갖고 있다.[76] 그 외의 대형석기인 찍개류와 풍화가 심하게 진행되었으나 석기로 추정되는 대형 석제품들도 주로 사암이나 규암을 이용해 만들어졌다. 반면 소형 긁개나 격지들은 대부분 석영을 이용해 제작되고 있어 석재의 선택적 이용이 이루어졌음을 볼 수 있다. 보고자는 이 유적이 4~5만 년 전에 형성되었을 것으로 추정하고 있다.

심곡리유적에서 해안을 따라 약 6.5km 남쪽 지점에 주수리유적이 있다. 바다를 향해 있는 양지 바른 소규모 구릉상에 형성된 유적이다. 시굴조사시 중기 이전의 층이 존재할 것으로 예상되었지만 조사가 더 이상 진행되지 않았다.[77]

강릉 남쪽에 위치하고 있는 동해시 지역에서는 최근 상당히 많은 구석기시대 유적들이 조사되었다. 그 중 후기구석기시대보다 이른 시기의 문화층이 확인된 유적들은 기곡유적, 망상동유적, 노봉유적, 월소유적, 발한동유적, 평릉동유적 등이다. 기곡유적은 주수리유적의 남쪽 3km 정도에 위치한다. A지구에서 3개, B지구에서 2개의 문화층이 각각 확인되었는데, 이 중 A지구의 하부 2 · 3문화층이 후기구석기시대보다 이른 시기의 문화층들로 보고되었다.[78] 절대연대 측정 결과의 시간폭이 다소 크지만, 그간 축적된 토양쐐기층 관련 연구자료들을 참고한다면 2문화층은 후기구석기

76) 발굴된 1점 외에 지표에서도 1점이 수습되었다. 단일문화층 유적이므로 지표에서 수습된 석기들도 분석 대상에 포함될 수 있을 것이다.(홍영호 · 김상태, 「강릉 심곡리유적 채집 구석기」, 『박물관지』9, 강원대학교 중앙박물관, 2002)
77) 최복규 · 유혜정, 『강릉 주수리 구석기유적』, 강원대학교 유적조사단, 2004.
최복규, 「강릉시 옥계 주수리 구석기유적 연구」, 『강원사학』17 · 18합, 강원사학회, 2002, pp.1~18.

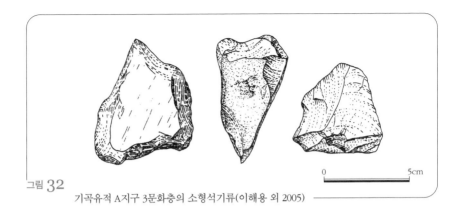

그림 32
기곡유적 A지구 3문화층의 소형석기류(이해용 외 2005)

시대 전이기에 해당될 가능성이 높으며,[79] 3문화층은 그 이전의 문화층에
해당하는 것으로 볼 수 있다.

　3문화층에서 출토된 석기 118점 중 성형석기는 찍개 1점과 긁개 11점,
홈날 4점이며, 모두 석영으로 제작되었다. 〈그림 32〉 A지구의 2문화층에
서는 석영으로 만든 소형석기인 긁개와 홈날류가 중심을 이루며 주먹대
패, 여러면석기 등과 같은 대형석기류가 소량 포함된 반면, B지구의 2문화
층에서는 긁개와 홈날만 소량 출토되었고, 석재로써 수정과 처트가 일부
포함되어 있다.

78) A지구 2문화층에서 발견된 목탄의 절대연대가 43,170±380BP · 48,000BP이상, 3문화층
　　의 목탄은 45,800±1600BP · 37,260±820BP로 측정되었다. 보고자는 3문화층의 목탄이
　　2문화층에서 재퇴적된 것으로 추정하고 있다. 한편 B지구 2문화층 목탄의 절대연대는
　　33,500±1200BP · 36,070±380BP이다.(이해용 · 홍성학 · 최영석, 『동해 기곡유적』, 강원
　　문화재연구소, 2005)
79) 그간 조사된 토양쐐기층 아래의 문화층들은 상당한 연대폭을 보여주고 있는데, 그런 점
　　에서 본다면 기곡유적의 A,B지구가 매우 인접해 있음에도 불구하고, 두 지역의 2문화층
　　이 동일한 시기에 형성된 것이 아닐 가능성은 열어두어야 할 것으로 생각한다. 두 지역의
　　2문화층들은 석재와 석기의 기종 구성에서도 다소 차이를 보여주고 있으며, 절대연대에
　　서도 A지구의 2문화층이 B지구의 2문화층보다 보정 전 연대로 약 1만년 가량 빠른 결과
　　를 보여주고 있음에 유의하여야 할 것이다.

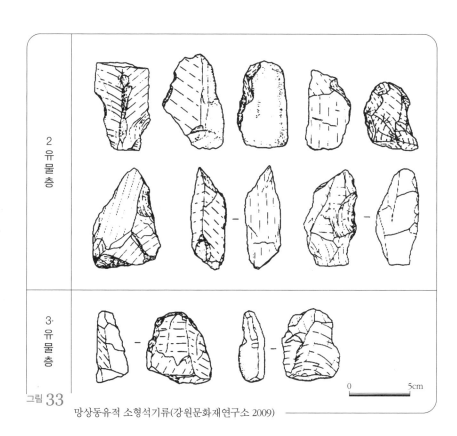

그림 33

망상동유적 소형석기류(강원문화재연구소 2009)

기곡유적의 남쪽에 인접하여 조사된 망상동유적에서는[80] 모두 3개
의 유물층이 노출되었는데, 2유물층과 3유물층이 4만년 이전의 문화층
들이다. 2유물층에서는 주먹대패·여러면석기·찍개 등과 긁개·홈날
이 발견되었다. 대형석기일수록 석재로써 화산암류의 이용률이 높고,
소형석기류는 거의 석영으로 제작되고 있다. 그 아래 층인 3유물층에서
는 찍개와 긁개가 각각 소량씩 출토되었는데, 석재로써 찍개는 화산암

---

80) 강원문화재연구소, 『동해 망상동 구석기유적-동해 망상동 360-34번지 주택신축부지내 유
   적 발굴조사 보고서』, 2009.

표 12 _ 망상동유적 층위별 석재(단위 : %)

표 12 _ 망상동유적 층위별 석재(단위 : %)

구분	석영	규암	화강암·화산암·사암	기타
2유물층(N=147)	61	9	24	6
3유물층(N=38)[81]	30	24	37	3

과 사암을, 긁개는 석영을 각각 뚜렷하게 구분하여 이용하고 있는 양상
을 보여준다.

전체적으로 석재 비율을 보면 석영 이외의 석재가 이용된 비율이 2유
물층은 39%, 3유물층은 70%에 이른다. 〈표 12〉 OSL로 2유물층에서 55,000
±3000BP, 3유물층에서 85,000±8000BP · 97,000±9000BP가 각각 얻어
졌다. 참고로 가장 위층인 1유물층은 AMS에 의해 34,000±400BP가 나왔
는데, 석기의 기종구성은 아래층과 거의 같으나 석영의 점유율이 75%로
증가해 석재 구성에서 후기구석기시대로 갈수록 점차 석영 이용률이 높아
지는 추세를 보여준다.

망상동유적으로부터 남쪽으로 1.5km 지점에 위치한 노봉유적은[82] 해
발 185m의 배후산지으로부터 해안을 향해 뻗어 나온 약 50m 높이의 구릉
정상부에 입지하고 있다. 모두 3개의 문화층이 조사되었고, 그 중 가운데
층에서 AMS에 의해 33,300±1700BP의 절대연대가 측정되었다. 가장 아
래층은 후기구석기시대보다 이른 시기의 층으로 보고되었는데, 이 층에서
는 찍개와 주먹대패, 사냥돌이 석기군의 중심을 이루고 있다. 망상동유적
과 마찬가지로 석영류 이외의 석재 이용률이 높아 석영 이외의 석재가

---

81) 보고서에 제시된 통계의 총합이(강원문화재연구소 2009의 p.176) 100%가 되지 않는다.
   본문 상으로는 석영과 규암이 60%로 기술되어 있어 두 석재의 점유율이 제시된 수치보다
   높을 것으로 짐작된다.
82) 최복규 · 안성민 · 유혜정 · 문지현, 『노봉 구석기유적』, 강원대학교유적조사단, 2002.
   최복규, 「동해시 망상동 노봉 구석기유적의 연구」, 『강원사학』17 · 18합, 강원사학회, 2002.

43%를 차지하고 있지만, 기종에 따른 석재 구분 이용 경향은 뚜렷이 관찰되지 않는다.

월소유적[83]은 노봉유적의 약 3km 남쪽에 위치하고 있다. 해발 70~80m 가량 단구면의 A-1, A-2, B, C 등 4개 지점에서 총 5개의 유물층이 확인되었다. AMS와 OSL의 측정결과는 층서에 따라 대체로 시간의 흐름에 부합하는 결과를 보여 준다. 절대연대와 층서를 동시에 참고할 때 3유물층부터 그 아래로는 후기보다 이른 층으로 볼 수 있을 것 같다.[84] 출토석기의 양상은 지점별로 다소 다르며, C지점을 제외하면 층별로 출토량이 매우 적어 석기군의 변화상을 뚜렷하게 보여주지 못하는 편이다.

총 1,459점이 출토된 C지점을 중심으로 월소유적의 석기군을 살펴보면 다음과 같다. 3~5유물층 모두 대형석기류가 양적으로 우세한 양상이

표 13 _ 월소유적 C지점 3~5유물층 석재(단위 : %)

구분		석영	규암	사암	변성·사암	규질·사암	편마암	화강편마암	화강암	역암	계
3유물층	대형석기	15	13	4	7	1	10	3	5	-	58
	소형석기	14	4	1	5	-	7	-	-	-	31
4유물층	대형석기	6	12	1	5	2	1	-	1	2	30
	소형석기	2	1	-	-	-	1	-	-	-	4
5유물층	대형석기	8	12	-	2	6	2	-	2	-	32
	소형석기	1	2	-	1	-	-	-	-	-	4

83) 예맥문화재연구원,『동해 묵호진동 월소 유적』, 예맥문화재연구원, 2010.
84) 2유물층은 최상부 토양쐐기층의 하부에 위치하고 있으며, 절대연대는 AMS에 의해 43,450±790BP와 5,100±50BP가 나왔다. 한편 C지점에서는 3유물층까지는 대형석기류가 소형석기류에 비해 더 많지만 2유물층부터는 소형석기류의 비중이 훨씬 높아지는 등 여러 정황을 종합해 보건데 3유물층부터 그 하부유물층들은 중기 이전의 것으로 보아도 좋을 듯하다.

사진 7
월소유적 C지구 양면가공석기류(예맥문화재연구원 2010, 좌·중-3유물층, 우-5유물층)

다. 석기 구성에서 특히 찍개와 여러면석기·주먹대패가 두드러지며, 주
먹도끼는 3유물층에서 4점, 5유물층에서 1점씩 출토되었다.〈사진 7〉 대
형석기류의 석재는 석영도 포함되어 있지만 매우 소량에 불과하며, 대부
분 규암과 사암류 및 편마암, 화강암 등이다. 소형석기류는 주로 긁개·밀
개·홈날·부리날 등으로 구성되어 있는데, 대형석기류와는 달리 석영을
이용해 만든 것들이 대부분이다.

월소유적은 인접한 망상동유적과 함께 매우 다양한 종류의 석재들을
활용하여 석기를 제작하고 있음이 특징적이다. 암질 분류 결과를 살펴보
면 이와 같이 다양한 석재가 활용된 것은 주로 대형석기류를 제작하기 위
한 선택적 결과임을 알 수 있다. 〈표 13〉에서 대형석기류와 소형석기류로
구분하여 석재 현황을 정리한 결과를 보면 두 석기군의 석재 이용 경향이
확연하게 구분되어 있음을 볼 수 있다. 즉 소형석기는 총 39점 가운데 석
영이 17점으로 거의 절반에 가깝다. 반면 대형석기는 총 122점 가운데 석

영은 불과 29점에 불과하다. 대형석기의 제작을 위해 의도적으로 다양한 석재를 활용한 것은 대형석기의 양이 확연하게 감소한 1~2유물층에서 석영의 비중이 압도적으로 증가한 것으로도 방증되고 있다. 즉 2유물층에서는 전체 석기 586점 가운데 석영제 석기는 71%인 416점, 1유물층에서는 전체 석기 351점 가운데 석영제 석기는 62%인 218점으로, 각각 석영의 비중이 절반 이상을 훨씬 넘어 서고 있다.

월소유적으로부터 다시 남쪽으로 1.5km 지점에 발한동유적이 위치해 있다. 도로공사 도중에 발견된 유적이기 때문에 이미 훼손이 심하였으므로 분리된 몇 개의 구역에서 4개의 문화층이 조사되었다. 두번째 토양쐐기포함층과 그 하부에서 확인된 2개 문화층(4-1, 4-2)이 4만년 이전의 문화층이다.[85]

전반적으로 대형석기의 비중이 낮으며 소형석기가 우세한 양상을 보여주고 있다. 석재면에서는 석영이 절대우세를 점하고 있어, 발한동유적은 동해안에 분포하고 있는 중기 이전으로 편년된 유적들과는 다소 다른 양상을 보여준다. 일정한 면적을 조사한 것이 아니라 맥락상 관련이 뚜렷하지 않은 여러 지점의 석기들을 한꺼번에 모은 것이므로 이러한 현상이 나타날 수 있다고 생각된다. 그러나 발한동유적 고유의 성격일 수도 있으므로 향후 이 지역에서 추가되는 자료들을 함께 검토하여야 할 것이다. 그럼에도 불구하고, 석기 구성과 석재 측면에서만 본다면[86] 중기 이전으로 편년된 층위들이 후기구석기시대 초반의 층위일 가능성에 대해서 고려해 볼 필요가 있으며, 각 지점별로 전체적인 층위의 연결 관계를 검토할 여지

---

85) 최복규·최승엽·김상태·이해용, 『발한동 구석기유적 발굴조사보고서』, 강원고고학연구소, 1996.
86) 발한동유적에서 2매의 토양쐐기포함층이 있는 것으로 보고되었지만, 토양쐐기층이 뚜렷하게 2매로 구분되지 않는다는 점도 석기군의 시기 설정에 참고가 되어야 할 것 같다.

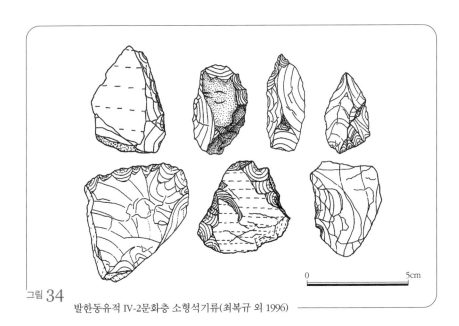

그림 34

발한동유적 IV-2문화층 소형석기류(최복규 외 1996)

가 있다고 생각된다.

발한동유적에서 다시 남쪽으로 약 2km 지점에 평릉동유적이[87] 조사되었다. 2개의 유물층이 확인되었으나, 보고자는 상부 유물층을 재퇴적된 것으로 추정하였다. 그러므로 사실상 단일 문화층을 가진 유적이라고 볼 수 있으며, 출토 석기류 역시 하나의 석기군으로 간주할 수 있다.〈그림 36〉 아래의 유물층에서 목탄을 이용한 AMS 측정 결과 33,000±3000BP와 50,000BP이상의 절대연대가 얻어졌고, 보고자는 두 절대연대와 출토유물

표 14 _ 평릉동유적 석재(단위 : %)

구분	석영	규암	사암	기타
1, 2유물층(N=234)	93	3	3	1

87) 최영석, 『동해 평릉동 구석기유적』, 강원문화재연구소, 2007.

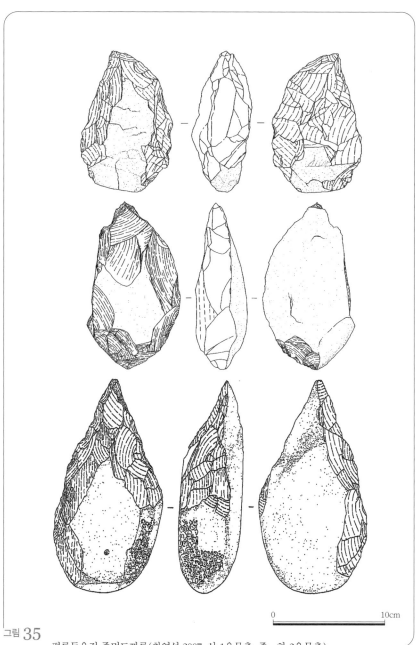

0   10cm

그림 35

평릉동유적 주먹도끼류(최영석 2007, 상-1유물층, 중·하-2유물층)

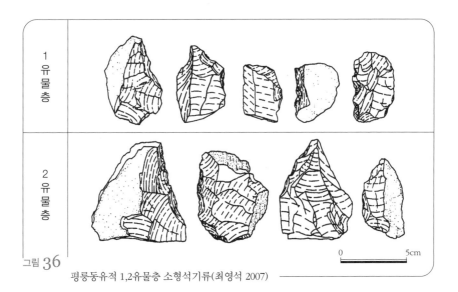

| 1 유물층 | |
| 2 유물층 | |

그림 36

0   5cm

평릉동유적 1,2유물층 소형석기류(최영석 2007)

및 층위를 참고하여 중심연대가 4~5만년 전에 해당되는 층위로 판단하였다. 3점의 주먹도끼를 비롯해 찍개와 주먹대패·여러면석기 등 대형석기가 우세한 석기구성을 보여주고 있으며, 석영류가 주된 석재이지만 주먹도끼 3점〈그림 35〉과 소량의 여러면석기는 규암과 규질사암을 이용해 제작되었다.

구미동유적은 평릉동유적으로부터 약 3km 남쪽에 위치해 있다.[88] 발굴보고서 상에서는 문화층의 시기가 명확히 제시되어 있지 않지만, 중기구석기시대 이전으로 추정되고 있다. 그러나 층위상으로 최상부 토양쐐기층의 위에서 석기가 출토되고 있어 후기구석기시대보다 소급될 수 있는 가능성은 낮은 것 같다.[89]

---

88) 최복규·안성민·유혜정, 「동해 구미동 구석기유적」, 『동해 구미동·구호동유적』, 관동대학교박물관, 2004.
최복규, 「동해시 구미동 구석기유적 연구」, 『박물관지』7, 강원대학교 중앙박물관, 2001.

동해중부해안권의 상당수 유적들은 앞서 살펴본 것처럼 주먹도끼를 공반하고 있다. 주먹도끼를 포함하고 있는 유물층들은 대략 4~6만년 사이의 절대연대를 갖고 있거나, 월소유적과 같이 일부는 그 이상으로 편년되는 층위들인데, 흥미로운 부분은 주먹도끼를 비롯한 대형 양면가공석기류의 석재이다. 임진·한탄강권의 양면가공석기들은 주로 규암을 이용하여 제작되고 있음에 비해, 이 지역의 양면가공석기들은 산성응회암계 석재를 이용한 것이 절대 다수를 점하고 있다. 이러한 경향은 북한강유역의 춘천지역 유적에서도 공통적으로 확인되고 있어 더욱 흥미롭다. 규암과 응회암계 석재의 주먹도끼에 대한 상호 비교는 뒷 장에서 보다 구체적으로 다루도록 하겠다. 동해중부해안권과 한강권 북부지역의 석기군에서는 주먹도끼류가 수량 면에서는 우세하지 않다. 그러나 주먹도끼의 제작을 위한 석재의 선택적 이용 경향은 뚜렷하게 존재하고 있었음을 볼 수 있다.

4. 낙동강권

낙동강권은 다른 권역에 비해 구석기시대 유적 수가 상대적으로 적다. 아마도 이 지역에서 활동하는 구석기학자가 많지 않기 때문인 것으로 생각된다. 수년전 필자가 동해안지역의 구석기유적을 지표조사 한 결과 낙동강권에 해당하는 해안지역에서 몇몇 중요한 유적들을 발견한 바 있다. 특히 그 가운데 영덕 삼계리유적에서는 초기 돌날문화와 관련하여 매우

---

89) 발굴에 참여하였던 최승엽도 최근 이러한 견해를 제시한 바 있다.(최승엽, 『강원지역의 구석기문화 연구』, 강원대학교 박사학위논문, 2010.2, pp.107~109)

중요한 석기들이 수집되어 이를 소개한 바 있다.[90] 따라서 이 지역의 구석기유적 조사가 활발히 진행된다면 구석기시대의 유적 수는 다른 지역과 마찬가지로 증가할 것으로 예상한다.

현재까지 이 지역에서 조사된 후기구석기시대 선행 유적은 남강유역의 진주 내촌리유적과 낙동강 상류역의 상주 신상리유적이 있다. 상주 신상리유적은 낙동강유역권의 서북 경계 지역인 내륙 깊숙이 위치하고 있다. 2001년도 조사에서는 2개의 문화층이 조사되었는데, 각각 전기와 중기구석기시대 층으로 보고되었다. 〈그림 37〉 2003년도 조사에서는 모두 3개의 문화층이 조사되었는데 하부의 2 · 3문화층이 중기구석기시대 이전의 문화층으로 보고되었다. 2문화층에서는 찍개와 여러면석기가, 3문화층에서는 찍개와 긁개 등이 수습되었는데, 보고자는 3문화층이 14~15만, 2문화층이 6~7만 년 전에 해당될 것으로 추정하고 있다.[91] 그러나 조사된 면적이 매우 협소하고 발견된 석기의 양도 각 층 별로 4~5점에 불과하여 유적의 구체적인 면모는 알기 어렵다.

진주 내촌리유적은[92] 나지구와 다지구에서 석기가 수습되었다. 석기가 수습되는 위치는 지표하 50cm부터 250cm까지 매우 두터우며, 심지어 자갈층 상부에서도 석기가 발견되었다. 보고서 상에서는 출토층을 세분하지 않았고, 모두 하나의 석기군으로 간주하고 있다. 돌날과 같은 표지적 유물의 부재와 석기 형식의 고졸함에 의해 후기구석기시대보다 앞서는 유적으로 보고되어 있다. 석재는 대부분 석영류이고 일부 응회암과 사암, 화

90) 홍영호 · 김상태, 「경북 동해안지역의 새로운 구석기유적」, 『한국구석기학보』3, 2001, pp.17~44.
   연세대학교박물관, 『한국의 구석기』, 연세대학교 출판부, 2001, p.275.
91) 경상북도 문화재연구원, 『상주 신상리구석기유적 · 유물산포지』, 2003.
   경상북도 문화재연구원, 『상주 신상리구석기유적』, 2005.
92) 배기동 · 임영옥, 『진주 내촌리 주거지 및 구석기유적』, 한양대학교 박물관, 1999.

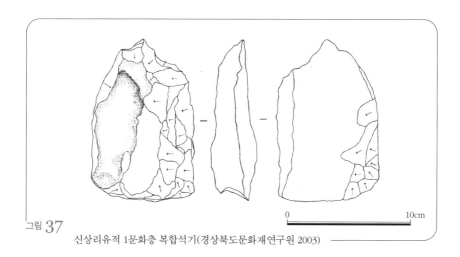

그림 37
신상리유적 1문화층 복합석기(경상북도문화재연구원 2003)

강암 등과 셰일류가 혼용되었다. 석기는 긁개와 홈날이 소량 공반되지
만,〈그림 38〉찍개와 대형긁개 등이 우세한 양상이다.

　내촌리유적의 세부 층위는 표토(I) - 적갈색점토층(II) - 황갈색점토층
(III) - 황갈색사질층(IV) - 강역층 - 암반층으로 구성되어 있는데, 이 가운
데 II · III층에서 주로 석기가 출토되며, III층의 상부에 토양쐐기가 형성되
어 있다. 한편 II층의 가운데쯤에서[93] AT로 판단되는 화산재가 검출되었
다. 이러한 정황을 종합해 본다면 적어도 내촌리유적에서 출토된 석기들
은 III층의 상면을 기준으로 2개 이상의 시기로 구분될 가능성이 있다. 사
용된 석재 중 석영류가 압도적으로 우세하지만 응회암류와 사암, 화강암
도 일부 포함된 것은 전-중기 이전 유적들에서 나타나는 다양한 석재의 이
용양상과 맥을 같이 하는 것으로 볼 수 있다. 반면 상층에서 나타나는 셰

---

93) AT 검출 위치가 층위도 상에 표기되지 않은 관계로, 보고서에 '제17번 구덩이의 단면 지
　표하 180cm 정도 되는 지점'이라고 언급한 것과, 보고서 〈도면 10〉의 17번 구덩이 단면
　도를 참조하여 추정한 위치임.

III. 권역별 석기 구성과 석재 이용　95

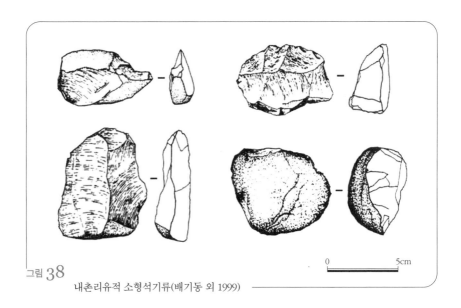

그림 38 내촌리유적 소형석기류(배기동 외 1999)

`0`   `5cm`

일과 같이 입자가 고운 석재들은 후기구석기시대의 양상을 반영하는 것으
로 짐작된다. 향후 이 지역에서 구석기유적 조사가 추가적으로 이루어진
다면 자연과학적 연대측정과 병행하여 출토 층위를 보다 세분하여 볼 필
요가 있다고 판단된다.

5. 금강권

금강권은 학사적으로 한국에서 구석기유적의 조사가 가장 먼저 시작
된 지역이며, 다양한 성격의 여러 유적들이 풍부하게 조사되어 있다. 이
가운데 4만년 이전 유적들을 북부지역으로부터 살펴보도록 하겠다.
진천 장관리유적은[94] 금강의 동북쪽 지류 가운데 하나인 백곡천의 상

표 15 _ 장관리유적 층위별 석재(단위 : 점)

구분	석영	규암	응회암	사암
1유물층(N=80)	78	2	-	-
2유물층(N=229)	227	2	-	-
3유물층(N=216)	210	4	1	1

표 16 _ 송두리 1문화층 석재(단위 : 점)

구분	석영	규암	사암
주먹도끼(N=8)	8	-	-
주먹찌르개 · 주먹대패(N=11)	7	3	1
찍개류 · 여러면석기(N=93)	41	51	1
긁개 등 소형석기(N=146)	123	23	-
몸돌(N=306)	223	83	-
격지(N=315)	224	91	

류역에 위치하고 있다. 모두 3개의 문화층이 조사되었는데, 가장 하부에 있는 1문화층이 중기구석기시대 이전의 층으로 보고되었다. 1문화층은 상대적으로 발굴면적이 좁으며 80점 가량의 석기가 발굴되었다. 석재는 〈표 15〉에서 보는 것과 같이 석영이 절대 우위를 점하고 있으며, 석기는 몸돌과 격지가 대부분을 차지한다. 성형석기는 찍개와 밀개가 각각 1점씩으로 후기구석기시대보다 이른 층위의 존재를 확인한 정도의 의미가 있다.

송두리유적은[95] 장관리유적의 동남쪽에 인접하고 있다. 2개의 문화층이 조사되었는데, 두 문화층 사이에 존재하는 토탄층에서 3-4만년을 전후한 절대연대가[96] 얻어져 그 하부의 1문화층이 5만년 이전의 문화층일 것

94) 이융조 · 공수진 · 김우성 · 황해경, 「장관리 구석기문화」, 『진천 장관리유적(1)』, 충북대학교 중원문화연구소, 2002, pp.113~176.
95) 이융조 · 조태섭 · 공수진 · 이승원, 『진천 송두리 구석기유적 1』, 충북대학교 중원문화재연구소, 2006.

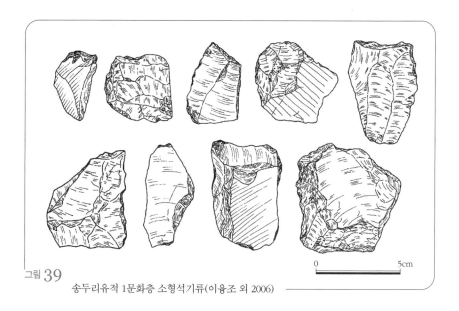

그림 39

0   5cm

송두리유적 1문화층 소형석기류(이융조 외 2006)

으로 추정되었다. 주먹도끼 · 찍개 · 주먹대패 · 여러면석기 등과 같이 대형석기가 차지하는 비율이 상당히 높다. 특히 주먹도끼가 8점이나 포함되어 있는데,〈그림 40〉 자갈돌을 몸체로 사용하였고 매우 거칠게 가공되었다. 소형석기류는 대부분 긁개와 홈날인데, 5~6cm 이하의 크기에 정형성은 없으며, 주로 날부분의 가공에만 치중되어 있다.〈그림 39〉

석재는 보고서 상에서 석영 · 석영맥암 · 규암 · 규질암으로 세분하고 있다. 소형석기류는 석영과 석영맥암의 비율이 월등히 높고, 대형석기 중 여러면석기와 찍개는 규암과 규질암의 비율이 석영맥암 비율에 거의 근접하는 데에 비해, 주먹도끼와 주먹찌르개 · 주먹대패 등은 모두 석영맥암으로만 제작되었음을 알 수 있다.〈표 16〉 대체로 일반적인 이 시기 다른 유

96) AMS에 의해 35,900±1,200BP · 43,100±1500BP · 44,700±1500BP · 48,000이상의 연대들이 측정되었다.

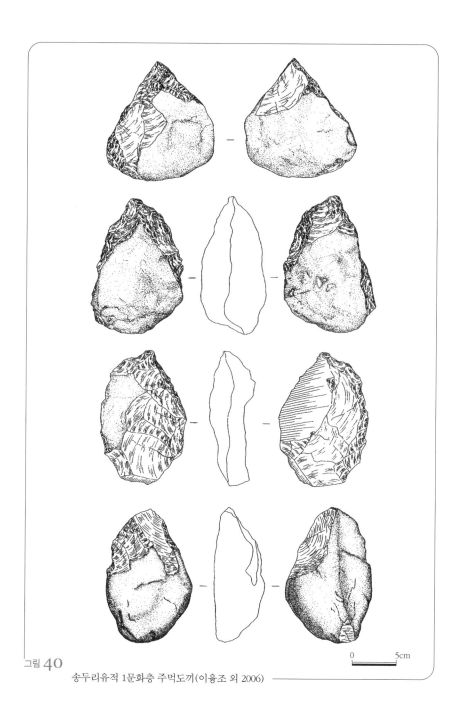

0   5cm

그림 40
송두리유적 1문화층 주먹도끼(이융조 외 2006)

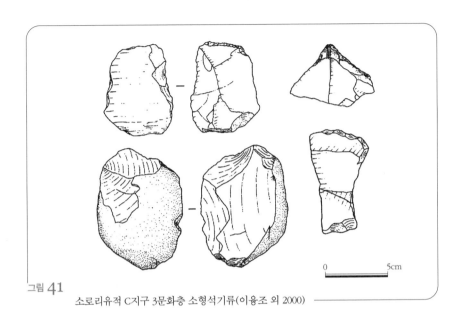

그림 41

소로리유적 C지구 3문화층 소형석기류(이융조 외 2000)

적들에서 보이는 석재 이용 양상과 비슷하지만, 주먹도끼의 경우는 규암
이 아닌 석영맥암을 전적으로 이용하고 있어 다른 유적들과는 상반되는
양상을 보여주고 있다.

　청원 소로리유적은 금강의 주요 지류인 미호천유역에 위치하며, 유적
에서 상류쪽으로 약 4km 부근에서 무심천이 미호천에 합류하고 있다. 3
개 지구에서 3개 문화층이 각각 조사되었다. 그 중 가장 하층에 해당하는
3문화층이 '중기구석기시대 중기' 로 편년되었으며, C지구 내에서만 한정
된 범위로 확인된다.[97] 석재는 석영과 규암이 혼용되었고, 소량의 긁개,
밀개, 톱니날석기 등과 같은 소형 석기들로만 구성되어 있는데〈그림 41〉,
발굴된 지점이 유적의 일부분이기 때문인 것으로 생각된다. 하지만 길이

97) 이융조 · 우종윤 편, 『청원 소로리 구석기유적』, 충북대학교 박물관, 2000.

가 10cm 이상 되는 격지들과 20cm가 넘는 규암제 몸돌이 포함되어 있어 소로리유적에서는 규암을 이용한 대형격지 떼기 및 그것을 이용한 석기 제작 행위가 이루어졌음을 짐작해 볼 수 있다.

소로리유적에서 미호천을 따라 하류쪽으로 약 7km를 내려오면 만수리유적이 나타난다. 모두 4개 조사기관이 14개 지점을 나누어 조사하였으며, 지점별로 확인되는 석기 포함층은 적게는 2개, 많게는 6개 층에 이른다.[98] 석재는 지점별로 약간씩 다르지만 대부분 석영류가 많이 이용되었고, 일부 사암과 이암류 등이 포함되어 있다.

보고서가 간행된 5~9지점을[99] 중심으로 만수리유적의 성격을 살펴보면 다음과 같다. 5~9지점에서는 2개의 문화층이 조사되었는데, 5지점 1유물층의 절대연대는 OSL에 의해 46,000±2000BC · 47,000±1700BC, 그 하부에 놓인 2유물층에서는 48,000±3000BC · 50,000±4000BC, 그리고 2유물층의 아래층에서 53,000±3000BC · 55,000±3000BC가 측정되었다. 석기는 5지점에서 가장 많이 출토되었는데, 전반적으로 제작수법은 거칠고 임의적이어서 정형성은 찾아보기 어려우며, 석재는 대부분 석영에 한정되어 있다. 석기 구성은 대형긁개와 찍개 · 여러면석기 · 주먹대패 등이 두드러지는 가운데, 소형 긁개들이 일부 포함되어 있는 양상이다.〈그림 42〉 5~9지점에서는 지표에서 주먹도끼가 1점 수습되었지만, 다른 지점에서는 임진 · 한탄강권의 주먹도끼들을 연상시키는 규암제 양면가공 주먹도끼류들이 발견되고 있어 앞으로의 조사 결과가 주목된다.

청주 봉명동유적은[100] 무심천에서 다소 먼 구릉상에 위치하고 있다. 2개의 문화층이 조사되었는데, 아래층이 4만년 이전의 문화층이다. 찍개와

98) 한국선사문화연구원,『제1회 선사문화 세미나, 청원 만수리 구석기유적』, 2007.
99) 중앙문화재연구원,『청원 만수리 구석기유적 - 5 · 6 · 7 · 8 · 9지점』, 2008.
100) 이융조,『청주지역 선사문화』, 청주문화원, 2000.

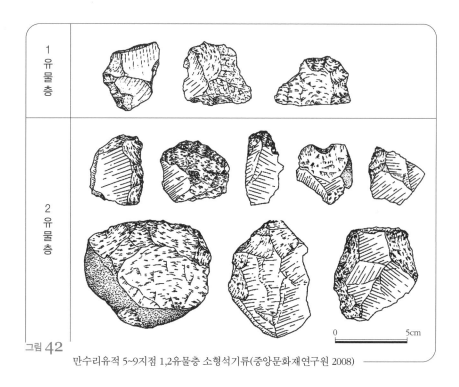

| 1 유물층 | |
| 2 유물층 | |

0　　　　　5cm

그림 42

만수리유적 5~9지점 1,2유물층 소형석기류(중앙문화재연구원 2008)

주먹찌르개·여러면석기 등이 우세한 양상이며, 석재는 모두 석영류이다. AMS에 의해 아래 문화층에서 48,450±1370BP·49,860±2710BP의 절대연대를 얻었다.

　금강의 남쪽 지류역에서도 다수의 유적들이 확인되어 있다. 그 중 후기구석기시대보다 이른 시기 유적은 대전의 용호동유적과 둔산유적, 진안의 진그늘유적 등이 있다.

　용호동유적에서는[101] 모두 4개의 문화층이 확인되었는데 하부의 3·4

101) 한창균, 「대전 용호동 구석기유적」, 『동북아세아구석기연구』, 한양대학교 문화재연구소, 2002, pp.163~172.

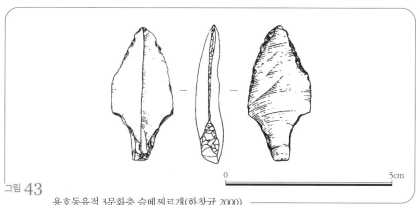

그림 43

용호동유적 3문화층 슴베찌르개(한창균 2000)

문화층이 중기구석기시대 이전의 것으로 보고되어 있다. 이 중 3문화층의
연대 추정은 그 상부에서 수집된 숯으로 AMS에 의해 38,500±1000BP의
절대연대를 얻은 것이 근거가 되고 있으나, 후기구석기시대의 돌날문화와
관련이 깊은 것으로 알려진 슴베찌르개가 공반됨으로써〈그림 43〉 해당
층위의 연대 문제에 신중한 입장을 취하여야 한다는 견해도 있다. 3문화
층의 석기 구성은 슴베찌르개를 비롯하여 찌르개와 긁개 · 홈날 · 찍개 ·
여러면석기 · 갈린석기 등이며, 석재는 주로 석영류와 함께 일부 혼펠스가
이용되었다.

4문화층은 두 번째 토양쐐기층의 하부에 위치하고 있으며, 약 10만년
전에 형성된 층으로 추정되고 있다. 석기는 석영류로 만들었으며, 그 위의
3문화층과 기종 구성면에서는 비슷하나 상세한 조사보고서가 간행되지
않아 아직 구체적인 양상은 파악되지 않는다.

둔산유적은[102] 2개의 문화층 중에 아래 문화층이 중기구석기시대 이

102) 손보기 · 박영철 · 장호수, 「구석기시대 유적 보고」, 『둔산』, 충남대학교박물관, 1995,
pp.9~52.

전의 것으로 추정되지만, 보고서 상에서 출토유물을 층위별로 구분하여 기술하지 않고 있어 아래 문화층의 구체적인 양상 파악이 어렵다.

금강 지류역에서 발견된 진안 진그늘유적은 금강의 가장 상류역에 위치하고 있는 유적이다. 금강의 지류인 정자천변에 위치하고 있으며, 2개 유물층이 확인되었고, 이 중 아래 문화층이 4만년 이전의 것으로 확인되었다.[103] 출토유물은 석영으로 만들어진 찍개 · 여러면석기 · 대형긁개 등 모두 4점에 불과하다.

석장리유적은 금강 수계의 구석기유적들 가운데 현재로서는 가장 하류에서 발굴된 유적이다. 1964년에 첫 발굴이 시작된 이후 최근까지 조사가 이루어지고 있어 학사적으로도, 고고학적으로도 매우 중요한 유적이다. 석장리유적은 당초 전기부터 후기까지 구석기시대의 모든 시기에 걸쳐서 문화층이 확인되었다고 보고되었다.[104] 그러나 최근 석장리유적의 후기구석기시대 선행 층위들에 대해서는 전면적인 재검토가 필요하다는 의견과 함께, 일부 층위에 대해서는 구체적으로 재검토된 의견이 제시되고 있다.[105]

석장리유적에서 현재 중기구석기시대 이전의 문화층으로서 가장 신뢰도가 높은 층위는 10지층의 9문화층인 소위 '자갈돌찍개문화층' 이다. 모

---

103) 유물포함층의 위 층에서 AMS로 절대연대 42,000±2000BP가 얻어졌다.(이기길, 「진안 진그늘유적 구석기문화층의 성격과 의미」, 『호남고고학보』 19, 2004)

104) 손보기, 「석장리의 새기개 · 밀개 문화층」, 『한국사연구』5, 한국사연구회, 1970, pp.5~50.
손보기, 「석장리의 전기 · 중기구석기 문화층」, 『한국사연구』7, 한국사연구회, 1972, pp.369~409.
손보기, 「석장리의 후기구석기시대 집자리」, 『한국사연구』9, 한국사연구회, 1973, pp.15~58.

105) 박영철 · 최삼용, 「한국 중기구석기문화의 석기분석연구」, 『구석기학보』6, 한국구석기학회, 2002, pp.25~36.
장용준, 「석장리유적의 재검토」, 『공주박물관기요』1, 국립공주박물관, 2003, pp.7~39.

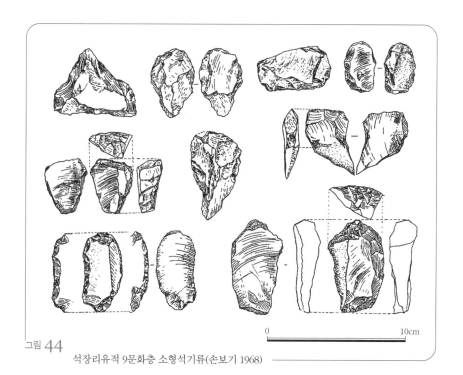

그림 44
석장리유적 9문화층 소형석기류(손보기 1968)

그림 45
석장리유적 9문화층 주먹도끼(손보기 1968)

두 700여 점의 석
기가 출토되었는
데,[106] 두드러진
특징은 매우 다
양한 석재를 활
용하여 제작되었
다는 점이다. 보
고자의 분류에
따르면 석영 이
외에 반암·분
암·규장암·용
암·유문암·사

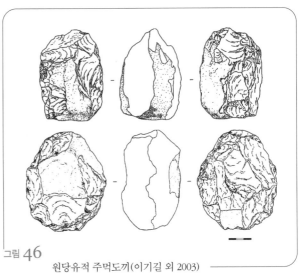
그림 46 원당유적 주먹도끼(이기길 외 2003)

암·화강암·각섬석·편암·규질석회암 등이 이용되었으며,[107] 비율면
에서 석영을 압도한다. 따라서 한국의 중기구석기시대 이전으로 편년된
유적 중에서는 함평 당하산유적과 함께 석재 이용면에서 상당히 이례적인
측면을 보여주는 유적이라고 할 수 있다. 참고로 박영철 등에 의해 '자갈
돌찍개문화층' 석기 형식이 재분류된 결과를 보면, 몸돌류가 가장 많고
(40.6%) 성형석기는 비교적 큰 크기의 긁개·톱니날·밀개·홈날 등과
더불어 양면가공석기와 여러면석기는 각 1점씩으로 구성되어 있다.[108]

영광 군동과 마전·원당유적은 금강권의 가장 남동쪽에서 발견된 유
적들로 소규모 하천인 와탄천과 그 지류인 묘량천이 합류하는 지점에 서

---

106) 손보기, 「석장리의 자갈돌 찍개 문화층」, 『한국사연구』1, 한국사연구회, 1968, pp.1~62.
107) 일부 암석의 종류는 후기구석기시대에 주로 사용되었던 석재들과 같지만, 암질면에서는
매우 거칠어 후기구석기시대의 돌날 등을 제작하는데 이용된 석재들과는 차이가 있다.
108) 박영철·최삼룡, 「한국 중기구석기 문화의 석기분석 연구」, 『한국구석기학보』6, 2002,
pp.25~36.

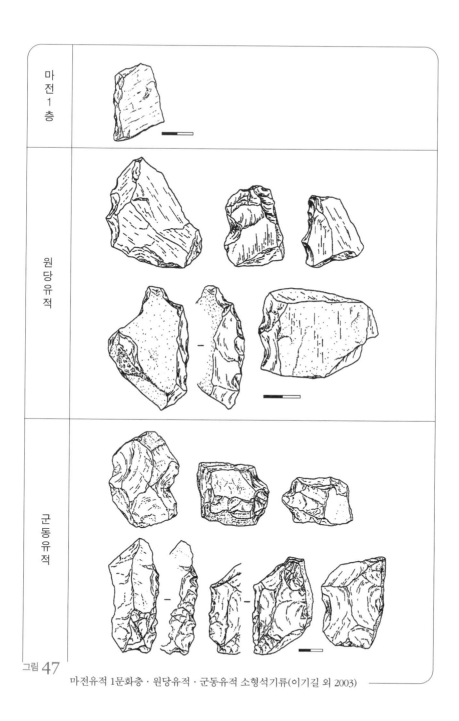

그림 47 마전유적 1문화층 · 원당유적 · 군동유적 소형석기류(이기길 외 2003)

로 근접하여 형성되어 있다. 세 유적간의 거리는 불과 1-2km 정도이며, 매우 낮은 구릉상에 입지하고 있다. 군동유적과 원당유적은 4만년 이전에 형성된 단일 층위 유적들이며, 마전유적은 3개의 문화층 가운데 가장 하부인 1문화층이 중기구석기시대 이전의 것으로 추정되고 있다.

마전유적은 석영제 여러면석기와 찍개, 대형긁개류가 중심을 이루며 소형 긁개와 밀개가 일부 포함되어 있다.[109] 군동유적은 비교적 대형인 격지들이 포함되어 있으며, 찍개 · 여러면석기 · 대형긁개가 우세하고, 긁개와 홈날 · 톱니날 석기가 1~2점씩 포함되어 있다. 석재는 대부분 석영이다. 원당유적의 석기는 주먹도끼 2점과〈그림 46〉찍개 · 여러면석기 · 대형긁개류가 두드러지며, 소형 긁개와 홈날 · 톱니날석기가 포함되어 있다. 원당유적의 석재도 모두 석영이다.

이 유적들은 인접해 있는 유적들답게 석기 양상이 유사하다. 공통적으로 석영 자갈돌을 석재로 이용하고 있으나, 원마도는 매우 불량한 편이며 일부는 모난돌을 사용하기도 하였다. 〈그림 47〉 이러한 양상은 한강권에서 서해안의 저지대를 입지로 형성된 아산 권곡동유적 · 실옥동유적, 천안 두정동유적 등에서도 공통적으로 관찰되는 것이다. 따라서 군동유적을 비롯한 마전 · 원당유적의 석재 특징도 한강권 유적들과 같이 입지적 요인에서 비롯된 것으로 볼 수 있을 것이다.

---

109) 보고자는 석기 구성에서 대형석기가 우세한 원인을 흐르는 물에 의한 재퇴적 과정 중에 자연적인 분급이 이루어진 결과로 판단하고 있다.(이기길 · 김선주 · 최미노, 『영광 마전 · 군동 · 원당 · 수동유적』, 조선대학교 박물관, 2003)

6. 영산·섬진강권

1) 영산강유역

영산강유역에서 확인된 전-중기구석기시대의 유적은 광주 치평동유적, 화순 사창유적·도산유적, 나주 당가유적·용호유적, 함평 당하산유적 등이 있다. 치평동유적은[110] 영산강과 광주천이 합류하는 지점에 형성된 유적으로 2개 문화층을 확인했으며, 그 중 아래의 1문화층이 후기보다

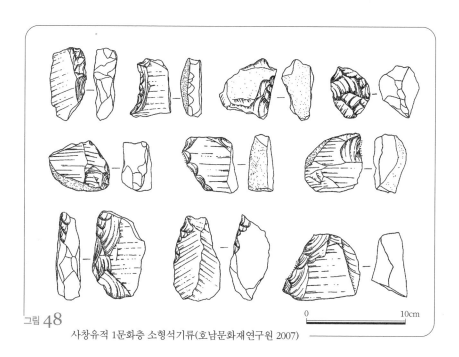

그림 48
사창유적 1문화층 소형석기류(호남문화재연구원 2007)

0   10cm

110) 이기길·이동영·이윤수·이윤수·최미노, 『광주 치평동유적 -구석기·갱신세층 시굴조사보고서-』, 조선대학교 박물관, 1997.

이른 시기의 것으로 추정되었다. 그러나 발견된 석기는 석영류로 만든 몸돌과 긁개 등 3점에 불과하다.

　화순 사창유적은 지석천이 곡류하면서 만들어낸 하안단구에 위치하고 있다. 모두 3개 문화층이 확인되었고, 그 중 가장 아래층인 1문화층이 중기 이전의 층으로 추정되고 있다.[111] 주먹도끼와 찍개류 · 여러면석기 · 주먹찌르개 등 대형석기의 비율이 절반 이상을 차지하고 있으며, 소형석

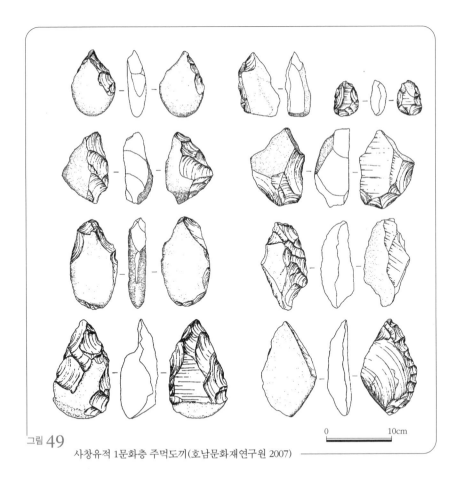

그림 **49**　사창유적 1문화층 주먹도끼(호남문화재연구원 2007)

0　　　　10cm

기인 긁개와 홈날 등이 포함되어 있다.〈그림 48〉석재는 대부분 석영을 이용하고 있다. 주먹도끼가 여러 점 출토되었는데 그 중 6점은 규암, 2점은 각섬암제이고 나머지 2점은 석영으로 제작되었다.〈그림 49〉

사창유적에서 하류로 조금만 내려가면 사창유적과 거의 동일한 입지환경을 가진 도산유적이 위치해 있다. 도산유적에서는 모두 4개 문화층이 확인되었는데, 하부의 1~3문화층이 4만년 이전의 것으로 보고되었다.

1문화층은 기반암풍화층 위에 놓여 있으며 가장 많은 석기가 출토되었는데, 찍개 · 주먹찌르개 · 여러면석기 · 대형긁개 등의 대형석기가 훨씬 우세한 양상을 보여준다. 석재 이용면에서는 편암 · 안산암 · 사암 · 규장암 · 응회암 등의 비율이 매우 높다.[112] 1문화층에서는 OSL을 이용해 41,200±

사진 8
도산유적 주먹도끼(조선대학교 2010)

111) 가장 하부의 모래층에서 OSL을 이용해 54,500±3100BP가 얻어졌다.(호남문화재연구원,『화순 사창유적』, 2007)
112) 이기길,『화순 도산유적』, 조선대학교 박물관, 2002.
     조선대학교 박물관,『도산유적 연장조사 지도위원회 자료집』, 2009.6.

2600BC · 52,500±3600BC가 얻어졌다. 2문화층의 양상은 1문화층과 상당히 비슷하다. 대형석기류인 주먹도끼와 찍개 · 주먹찌르개 · 여러면석기 등이 우세하며 소형석기인 긁개 · 뚜르개 등이 일부 포함되어 있다. 이용된 석

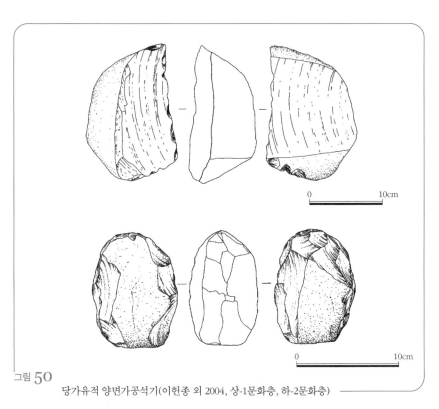

그림 50
당가유적 양면가공석기(이헌종 외 2004, 상-1문화층, 하-2문화층)

그림 51
당가유적 2문화층 소형석기류(이헌종 외 2004)

재의 종류는 1문화층과 같으나 석영류의 비율이 보다 우세해지는 양상이다. OSL을 이용하여 54,400±2100BC · 53,300±4100BC가 얻어졌다. 3문화층은 OSL에 의해 44,200±2000BC · 46,100±1700BC을 얻었으나, 몸돌과 격지 등 불과 13점의 석기가 출토되어 구체적인 양상 파악이 어렵다.

나주 당가유적은[113] 치평동유적에서 하류로 약 14.5km 지점에 위치해 있으며, 유적의 근처에서는 영산강의 지류인 지석천이 합류하고 있고 후기구석기시대의 유적인 촌곡리유적이 인접해 있다. 3개의 문화층 중 하부 2개의 층이 4만년 이전의 유물포함층이다. 최하층인 1문화층에서는 11점의 석기가 출토되었는데, 대형석기류인 찍개와 여러면석기 · 대형 칼형도끼가 대부분이고, 모두 석영류로 제작되었다. 2문화층은 14점의 석기가 출토되었으며, 양면가공석기와 찍개류 · 여러면석기 등이 역시 우세하지만 석기의 크기는 1문화층에 비해 다소 감소하였다. 양면가공석기와 여러면석기 1점만 사암으로 제작되었으며, 그 외에는 석영류이다. 2문화층에서 AMS에 의해 44,710±1150BP · 45,380±1250BP의 절대연대가 얻어졌다.

용호유적은 당가유적에서 직선거리로 약 22km의 하류쪽에 위치한다. 단일 문화층 유적으로 영산강의 지류인 삼포강변에 인접해 있다. 80점의 석기가 수습되었는데, 그 중 성형석기는 찍개류 7점, 여러면석기 7점으로 모두 석영류이다. 응회암류가 석재로 소량 이용되고 있는데, 주로 격지를 떼기 위한 몸돌로 이용되었다.[114]

함평 당하산유적은[115] 영산강의 지류역 근처이기도 하지만, 엄밀하게는 직접 바다로 흘러드는 독립 소하천의 지류역에 속해 있다. 2개 문화층 가운데 하부의 1문화층이 중기 이전의 것인데, 석기 구성은 소형석기류인

113) 이헌종 · 노선호 · 이혜연, 『나주 당가유적 · 촌곡리유적』, 목포대학교 박물관, 2004.
114) 최영철 · 최미노, 『나주 용호 구석기유적』, 호남문화재연구원, 2004.
115) 최성락 · 이헌종, 『함평 장년리 당하산유적』, 목포대학교 박물관, 2001.

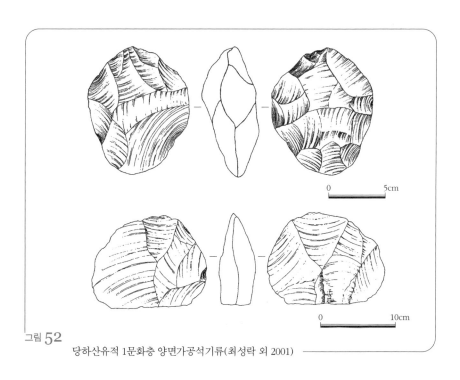

그림 52
당하산유적 1문화층 양면가공석기류(최성락 외 2001)

그림 53
당하산유적 1문화층 소형석기류(최성락 외 2001)

긁개와 홈날·찌르개 등이 우세하며,〈그림 53〉 찍개 3점과 주먹도끼 1점
〈그림 52〉 및 비교적 대형 격지들이 포함되어 있다. 석재이용 양상은 특

기할만한데, 석영류는 7%에 불과하고 안산암(78%) · 실트암(10%) · 유문암(5%) 등이 주로 이용되고 있다.

2) 섬진강유역

영산 · 섬진강권에서 섬진강 유역은 영산강유역에 비해 상대적으로 넓은 면적을 점유하고 있다. 태백산맥에 가까워 대부분 산지로 구성되어 있으며, 섬진강 유역의 구석기 유적들은 주로 계곡을 따라 형성된 소규모 단구에 입지하고 있는 경우가 많다. 섬진강유역에서 조사된 전-중기 유적으로는 화순 대전유적과 승주 곡천유적, 순천 죽내리유적 등이 있다. 이 중 대전유적과 곡천유적은 섬진강의 제1지류인 보성천유역에 위치한다.

곡천유적은 조사보고를 기준으로 보면 Ⅶ지층이 후기보다 이른 시기의 층에 해당된다.[116] 출토된 석기에 대한 전체 통계가 없어 구체적으로는 알 수 없지만, 주로 첨두형 주먹도끼와〈그림 54〉 주먹대패 · 주먹찌르개 · 찍개 · 대형 긁개와 같은 대형석기 위주의 석기 구성을 갖고 있다. 석재는 주먹대패가 반암인 것을 제외하면 모두 석영류이고, 자갈돌보다는 판자돌의 이용률이 다소 높게 나타나고 있다.

대전유적은 곡천유적에서 상류쪽으로 약 10km 정도에 위치하고 있는데, 층위 구성과 석재 이용면에서 곡천유적과 매우 유사하지만, 석기 구성에서는 다소 차이를 보여 밀개 · 긁개 · 새기개 등 소형석기 위주의 양상을 갖고 있다.[117]

---

116) 이융조 · 윤용현, 「우산리 곡천 구석기유적」, 『주암댐수몰지구 문화유적발굴조사보고(Ⅶ)』, 전남대학교 박물관, 1990, pp.77~140.

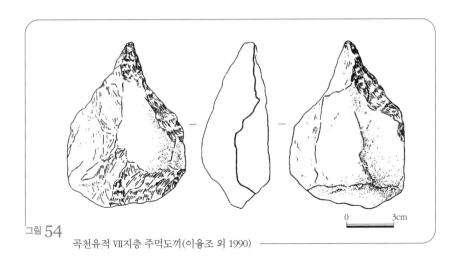

그림 54 곡천유적 Ⅶ지층 주먹도끼(이융조 외 1990)

0   3cm

순천 죽내리유적은[118] 섬진강 본류역의 작은 지류인 황전천변에 위치하고 있다. 지리산의 세력권에 포함되어 있어 평균 700m 가량의 산으로 둘러싸여 있으며, 유적은 계곡 사이에 형성된 소규모 구릉성 단구에 입지하고 있다. 모두 4개 문화층이 확인되었으며, 가장 아래에 있는 1문화층이 6.5만년 이전, 2문화층이 3~6만년 이전의 층으로 추정되었다.

1문화층에서 출토된 5백 여 점의 석기 중 성형석기는 찍개류와 주먹도끼 · 가로날도끼 · 여러면석기 등이 1~2점씩만 포함되어 있으며, 긁개와 밀개 · 톱니날석기 등 소형석기가 다소 우세한 비율을 보인다.〈그림 55〉 석재로써 석영이 71%, 응회암과 편마암 · 수정 등이 29%를 차지하고 있다. 응회암제 몸돌과 격지들이 석영에 비해 훨씬 크며, 이를 이용해서 주로 자르는 날을 가진 대형 석기가 제작되었다.〈그림 56〉 반면 석영은 몸

117) 이융조 · 박선주 · 윤용현 · 우종윤 · 하문식,『화순 대전 구석기유적 발굴보고서』, 충북대학교 고고미술사학과, 1991.
118) 이기길 · 최미노 · 김은정,『순천 죽내리유적』, 조선대학교 박물관, 2000.

돌의 크기도 작고 격지들도 작은데, 주로 몸돌석기를 만들기 위한 과정에서 석영제 격지들이 생산된 것으로 보인다. 이것은 두 석재를 접합복원한 석기에서도 확인할 수 있는데, 응회암의 경우 임의 방향으로 불규칙하게 타격하여 큰 격지들을 만들어 내고 있지만(이기길 등 2000의 그림 30~33, 사진 20), 석영은 비교적 일정한 방향성을 갖고 떼기가 진행되어 몸돌석기를 완성해 가는 과정을 보여주고 있다.(이기길 등 2000의 그림 38~40, 사진 23~24) 아마도 주변에서 구할 수 있는 자갈돌 크기와 석재 특성 등을 고려한 석재의 차별적 이용과 관련이 있는 결과일 것이다.[119]

2문화층은 1문화층에 비해 상당히 좁은 범위 내에서만 석기가 출토되었다. 석재는 석영이 86.8%, 응회암과 편마암 등이 13.2%인데, 특히 응회암의 양은 1문화층에 비해 급감하였다. 석기는 소형석기 위주로 응회암제

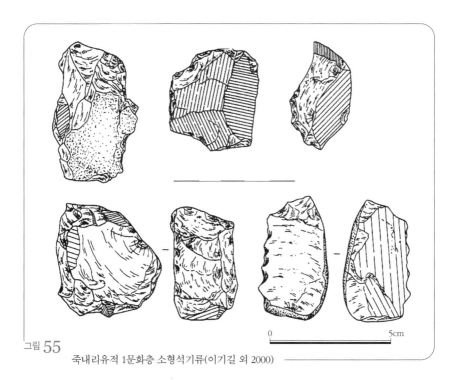

그림 55
죽내리유적 1문화층 소형석기류(이기길 외 2000)

긁개 1점을 제외하면 모두 석영으로 제작되어 1문화층에 비해 석재 이용 경향이 변화되었음을 보여준다.

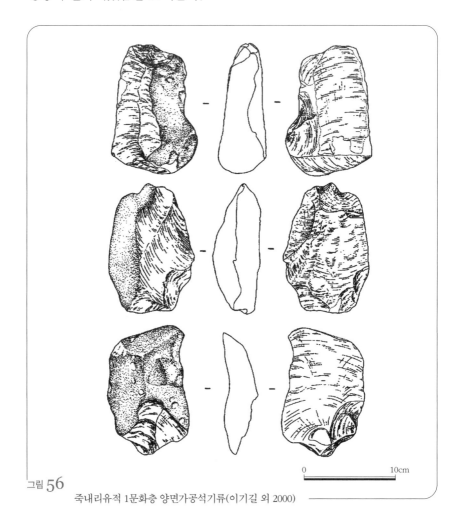

그림 56
죽내리유적 1문화층 양면가공석기류(이기길 외 2000)

0   10cm

119) 죽내리유적의 석재와 석기 양상을 분석한 결과 응회암류는 주로 중·대형의 격지류를, 석영맥암은 소형 격지를 만드는 데에 이용되었음이 확인된 바 있다. (이기길, 「죽내리유적의 돌감과 석기만듦새」, 『제7회 국제학술회의; 수양개와 그 이웃들』, 충북대학교박물관, 2002, pp.205~226)

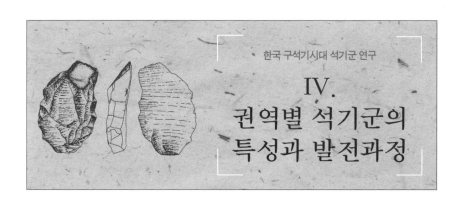

1. 권역별 석기군의 특성

1) 임진 · 한탄강권

임진 · 한탄강권 유적에서 출토된 석기들은 대개 주먹도끼류를 포함한 대형석기군과 격지석기 위주의 소형석기군으로 구분할 수 있는데, 한 유적 내에서 두 석기군이 동시에 확인되는 것이 일반적이다. 이 지역 주먹도끼류는 다른 지역에 비해 보다 전형적이고 양적으로도 우세한 측면이 있다.

석재의 활용면에 주목한다면 다른 지역과 구별되는 임진 · 한탄강권만의 독특함을 발견할 수 있다. 바로 석재로서의 규암에 대한 의존도이다. 특히 주먹도끼류를 포함하는 대형석기군에서 규암 활용이 매우 두드러진다. 즉 주먹도끼를 비롯한 가로날도끼 · 주먹찌르개 등의 대형 양면가공 석기를 만들기 위해서 거의 전적으로 규암제 자갈돌이나 대형 격지만을 이용하고 있다. 동시에 찍개류나 여러면석기 제작에도 규암은 상당량 이용되고 있다. 찍개류나 여러면석기가 석재면에서 주먹도끼류와 다른 점이 있다면 규암 외에도 석영의 이용 비율도 상당하다는 것이다. 이에 비해 소형석기류는 거의 대부분 석영을 석재로써 이용하는 경향이 강해 뚜렷한 대조를 보여주고 있다. 규암 혹은 석영이라는 석재의 선택적 이용에 대해서는 주월리 · 가월리유적의 보고서[120]와 평창리유적의 보고서 상에서 [121] 간단히 언급된 바 있다.

이 지역에서 두 종류의 석재가 다소의 시간차를 갖고 이용된 것처럼 보여진다. 즉 시간을 거슬러 올라갈수록 규암의 이용 빈도가 높아지고, 시간이 감에 따라 점차 석영 비중이 증가하는 양상이 그것이다. 그러나 실제로 '선후 관계' 라기보다는 두 석재는 처음부터 함께 사용되기 시작하는데, 대형석기가 점차 감소하는 석기군의 성격 변화에 따라 규암 활용 빈도도 따라서 감소하게 되고, 그것을 석영이 대체해 가는 것처럼 보이는 것이다.

요컨대 주먹도끼류의 소멸 및 찍개류와 여러면석기의 양적 감소와 함께 석기군 전체가 소형화되어 가는 경향으로 인해 비롯되는 현상이라고

---

120) 보고서에 제시된 가설 중에 하나로서, 규암과 석영의 물리적 특성에 착안하여 '규암은 주로 일회성 작업에 이용되는 석기를 제작하는데 이용되는 반면(expedient technology), 석영은 지속적으로 사용되는 석기를 제작(curated technology)하는 데 이용되었을 가능성이 높다' 고 언급되어 있다.(이선복 · 이교동, 『파주 주월리 · 가월리 구석기유적』, 서울대학교 고고미술사학과, 1993, pp.45~47)

121) 평창리유적에서는 석재의 종류 보다는 정질이냐 조질이냐에 초점을 맞추고 있는데, 관찰 결과 크기에 있어서 예외는 있지만 '작은 도구일수록 정질의 석영을 이용해 만들어지는 경향이 강하고, 찍개 등의 큰 석기들은 정질 및 조질과는 별 관계없이 큼직한 규암의 자갈돌 또는 암석을, 반면 중간크기(5cm-10cm)의 긁개 집합의 석기들에는 정질의 석재와 조질의 암석들이 혼재' 하는 것으로 보고하고 있다.(이선복 · 유용욱 · 성춘택, 『용인 평창리 구석기유적』, 서울대학교 고고미술사학과, 2000, pp.39~40)

122) 송기웅 · 전성오 · 김명진, 「고양 덕이동 구석기유적의 퇴적층에 대한 OSL 연대측정」, 『고양 덕이동 구석기유적』, 경기문화재단, 2009, pp.241~245.

생각된다. 한편 고양 덕이동유적의 아래층은 주먹도끼를 포함하지 않은 석영 중심의 석기군인데 52,000±3200BC이라는 절대연대를 얻었다.[122] 이 연대는 임진·한탄강권에서 대형석기가 점차 소멸되어 가는 시기에 대한 하나의 단서가 될 수 있을 것이다.

2) 한강권

한강권은 다른 권역에 비해 상대적으로 매우 넓은 면적을 갖고 있다. 권역 내의 중심 하천인 남·북한강은 2차 산맥에 의해 지리적으로는 일정 부분 격리되어진 상태이다. 전적으로 이러한 지형 조건의 영향이라고 보기는 어렵겠지만, 현재까지의 자료를 검토해 보면 남·북한강유역의 유적군은 다소 다른 양상을 보여주고 있다. 따라서 남·북한강 유역과 한강 본류역으로 구분하여 살펴보도록 하겠다.

북한강유역 가운데 춘천지역의 갈둔유적[123]과 거두리유적[124]에는 꽤 많은 양의 주먹도끼를 포함하고 있는 4만년 이전의 층이 존재한다. 흥미로운 것은 이 유적들에서 발견된 주먹도끼류들은 주로 산성화산암류를 석재로 채용하고 있다는 사실이다. 주먹도끼가 발견된 갈둔유적의 4유물층에서는 소량이지만 크기가 10~20cm에 이르는 규암 혹은 화산암류의 대형 격지 10여 점도 공반되고 있다. 이것은 임진·한탄강권의 주먹도끼를 포함하는 석기군에서 보이는 규암제 대형 격지들과 같은 선상에서 비교될 수 있는 것들이다. 갈둔유적 주먹도끼들은 임진·한탄강권에 비해 가공

---

123) 최승엽·김연주, 『춘천 금산리 갈둔 구석기유적』, 강원문화재연구소, 2008.
124) 예맥문화재연구원, 『춘천 거두2지구 택지개발 사업지구내유적 발굴조사 약보고서』, 2006.

정도가 약하고 덜 전형적이다. 그리고 전체 석재에서 석영이 차지하는 비율이 80%에 이르는 점 등을 고려한다면, 10~9만년 전 사이로 측정된 갈둔 유적 4유물층의 절대연대가 임진·한탄강권 주먹도끼 포함 석기군의 시기에 참고자료가 될 수 있을 것으로 생각된다. 한편 갈둔유적 3유물층에서는 석영의 비율이 더욱 증가하여 95%에 달하며, 후기구석기시대에 가까운 2유물층(OSL, 38,900±4000BP)에 이르러서는 석영 비중이 100%가 됨으로써 더욱 뚜렷해진다. 이것은 임진·한탄강권에서 시간의 경과에 따라 석영과 규암의 비중이 바뀌어 가는 과정과 거의 동일하다.

남한강유역은 북한강유역에 비해 전-중기 유적이 적은 편이고, 출토유물도 대부분 소량이다. 하류역에서 조사된 양평 병산리유적[125]과 여주 연양리유적[126]이 가장 대표적인 4만년 이전 층위들인데, 연양리유적의 경우 문화층이 63,000±4000~70,000±7000BC의 절대연대를 갖고 있다. 두 유적의 출토 층위를 비교해 보았을 때, 병산리유적은 두 번째 토양쐐기층을 기준으로 상하부에 각각 문화층이 있는 것으로 보고되었고, 연양리유적은 두 번째 토양쐐기층의 상부를 중심으로 석기가 집중 출토되는 단일 문화층으로 보고되었다. 그런데 연양리유적 보고서에 제시된 석기 출토 층위 단면도 상에는 두 번째 토양쐐기층의 상부뿐만 아니라 그 위층의 하부에서도 석기가 출토되고 있음을 알 수 있다. 따라서 연양리유적 석기들은 병산리유적과 사실상 출토 위치가 크게 다르지 않은 석기군으로 볼 수 있다.

병산리유적과 연양리유적에서는 단순한 가공기법에 의해 제작된 긴찍개(end-chopper)들이 공통적으로 다수 발견되고 있다. 아직 보고서가 미

125) 윤내현·한창균, 『양평 병산리유적』, 단국대학교 중앙박물관, 1992.
　　윤내현·한창균, 『양평 병산리유적(2)』, 단국대학교 중앙박물관, 1994.
126) 이정철, 『여주 연양리 구석기유적』, 기전문화재연구원, 2007.

간인 상태여서 구체적이지는 않지만, 남한강의 상류역에서 조사된 영월 삼옥리유적[127]에서도 동일한 형식의 긁개가 다수 확인되고 있다. 이 유적들은 석재 이용 양상에서도 서로 유사한 것으로 나타나고 있어, 향후 이 지역에 대한 조사가 진전된다면 지역성이 강한 유적들이 추가될 것으로 기대된다.

한강 본류역의 유적군은 크게 두 가지 성격으로 구분된다. 김포 장기 동유적[128]과 신곡리유적[129]은 임진·한탄강권의 주먹도끼 포함 석기군과 비교될 수 있는 규암제의 주먹도끼와 대형격지들이 포함되어 있어 임진·한탄강권으로부터 직접적인 영향을 받은 유적들로 생각된다. 반면 인천 원당동유적[130]과 불로동유적,[131] 천안 두정동유적,[132] 아산 권곡동유적[133]과 실옥동유적[134] 등은 전반적으로 소규모 퇴적층을 갖고 있으며, 석영을 주요 석재로 이용하고 있다. 게다가 자갈돌 석재의 원마도가 매우 불량하고, 심지어 상당량은 노두에서 채집한 모난돌을 석재로 이용하고 있다는 공통점을 보여준다.

이 유적들은 절대연대 자료가 많지 않지만, 대략 6~5만년 전의 층위들

---

127) 강원문화재연구소, 『영월 동강리조트 조성부지내 유적발굴조사 지도위원회의 자료집』, 2008.9.
128) 한국문화재보호재단, 『김포 장기지구 문화유적 발굴조사 -5차 지도위원회 자료-』, 2007.9.
　　　전범환, 「김포 장기동유적의 발굴조사 성과」, 『한국구석기학보』17, 한국구석기학회, 2008, pp.1~16.
129) 한국문화재보호재단, 『김포 신곡3지구 공동주택부지 문화유적 발굴(시굴·분포)조사』, 2007.10.
　　　한국문화재보호재단, 『김포 신곡3지구 공동주택부지 문화유적 발굴조사』, 2007.12.
130) 한국문화재보호재단, 『인천 원당동유적(II)』, 한국문화재보호재단, 2008.
131) 한국문화재보호재단, 『인천 불로동유적』, 한국문화재보호재단, 2007.
132) 한창균·홍미영·최삼용·김기태, 「두정동 구석기시대의 유적과 유물」, 『천안 두정동유적 C·D지구』, 충청매장문화재연구원, 2001, pp.69~116.
133) 중앙문화재연구원, 『아산 권곡동유적』, 2006.
134) 한창균·허의행, 『아산 실옥동유적』, 충청문화재연구원, 2006.

로 확인되고 있다. 장기동유적이나 신곡리유적과는 달리 주먹도끼와 같은 양면가공석기류가 거의 공반되지 않는다. 석영제 소형석기가 주류를 이루되, 잔손질은 전반적으로 상당히 미약한 수준에 머물러 있다.

이러한 경향은 금강권 하류에서 조사된 영광 군동유적 · 마전유적 · 원당유적[135] 등과도 매우 유사한 것이다. 이것은 서해안과 인접한 저지대를 입지로 해서 형성된 유적들이 공유하고 있는 특성으로 이해될 수 있을 것 같다. 즉 짧은 구간의 저지대를 곡류하면서 서해안으로 흘러드는 소규모 하천 환경에서는 원마도가 양호한 자갈이 형성되기 어렵기 때문에 석재상의 원천적 한계로 인한 결과로 이해할 수 있다. 그리고 이들 유적에서 출토되는 석기는 적은 수량과 단순한 기종 구성, 미약한 잔손질 등으로 보건대 기본적인 생활근거지(Base Camp)를 갖고 있는 집단이 주기적으로 단기간 이용하였거나, 보다 나은 환경을 찾아 이동하는 과정에서 단기간의 점유에 의해 형성된 유적일 가능성도 있다. 이 지역에서 앞으로 보다 많은 자료가 축적된다면 이와 관련된 검토가 본격적으로 이루어질 수 있을 것이다.

3) 동해중부해안권

동해중부해안권의 유적들은 해안선을 따라 비교적 조밀하게 분포되어 있다. 특히 해안단구의 발달이 현저한 강릉 이남 지역에 밀집되어 있다. 강릉 이북 지역에서는 아직 규모를 갖춘 유적이 조사되어 있지 않은 상태

---

135) 이기길 · 김선주 · 최미노, 『영광 마전 · 군동 · 원당 · 수동유적』, 조선대학교 박물관, 2003.

이나, 지표조사에 의해 다수의 유적이 보고되어 있다. 그 중 일부 유적들에서는 사암이나 편암제 주먹도끼가 1~2점씩 보고되어 있는데, 동해중부해안권의 전-중기 유적들에서는 주먹도끼들이 많은 양은 아니지만 꾸준히 출토되고 있어 주목된다. 동해중부해안권의 주먹도끼 형태는 한강권의 갈둔유적과 거두리유적의 주먹도끼류에 가까우며, 석재 면에서도 상당히 유사점을 갖고 있다.

최근 조사된 동해 월소유적[136]에서는 석영이나 규암 외에도 셰일이나 화강암·사암 등으로 만든 석기들이 상당량 출토되었는데, 이는 정도의 차이만 있을 뿐 인접한 심곡리유적,[137] 망상동유적,[138] 노봉유적[139] 등에서도 공통적으로 나타나고 있다. 이들 석재는 유적의 주변에서 쉽게 구할 수 있는 재지계 석재들로[140] 주로 주먹도끼와 같은 대형석기류 제작에 이용되고 있다. 반면 소형석기류의 제작에는 예외없이 석영이 거의 전적으로 이용되었으며, 특히 작은 격지를 만들기 위한 몸돌에 석영을 이용한 경향이 강하다. 이것은 임진·한탄강권에서 규암과 석영에 대해 선택적으로 적용된 석재 이용 경향과 동일한 것으로 이해된다. 이러한 사실은 구석기인들에게 규암과 셰일·화강암·사암 등은 대체로 동일한 선상에서 이해되고 수용된 석재였음을 짐작하게 한다.

---

136) 예맥문화재연구원,『동해 묵호진동 월소 유적』, 예맥문화재연구원, 2010.
137) 이선복,『심곡리 구석기유적 발굴조사보고서』, 서울대학교 박물관, 2006.
138) 강원문화재연구소,『동해 망상동 구석기유적-동해 망상동 360-34번지 주택신축부지내 유적 발굴조사 보고서』, 2009.
139) 최복규·안성민·유혜정·문지현,『노봉 구석기유적』, 강원대학교유적조사단, 2002.
140) 김주용·오근창,「동해 월소 구석기유적의 제4기 지질 및 자연과학 분석」,『동해 묵호진동 월소유적』, 예맥문화재연구원, 2010, pp.379~454.

4) 금강권

금강권은 그리 넓은 면적은 아니지만 유적의 양상이 상당히 다양하게 나타나고 있다. 금강 상류에 속하는 진천 장관리유적[141]과 송두리유적[142]은 서로 인접해 있으며, 두 유적 모두 석영과 규암을 석재로 이용하고 있으나, 규암은 극히 드문 편이고 두 종류의 석재를 구분하여 이용한 경향도 나타나지 않는다. 특히 송두리유적에서는 주먹도끼가 8점 보고되었으나 모두 석영제인 점은 석재의 선택적 이용이 이루어지지 않았음을 직접적으로 보여주는 예라 하겠다. 이러한 경향이 나타나는 이유가 특정 시기와 관련된 것인지, 석재 환경-예컨대 양질의 규암이 부족한 것-과 관련된 것인지, 유적의 점유 성격과 관련이 있는 것인지 등은 앞으로 보다 많은 자료가 확보되어야 판단할 수 있을 것 같다.[143]

청원 소로리유적[144]과 만수리유적[145]에서는 대형 규암제 몸돌과 격지들이 발견되고 있으며, 특히 만수리유적에서 출토되는 규암제 주먹도끼는 임진·한탄강권의 주먹도끼들과 비교될 수 있는 자료로 평가된다. 특히 만수리유적은 다층위유적이며, 절대연대상으로 10만년 전까지 소급되고 있어 금강권의 구석기문화를 이해하는 데에 중요한 자료를 제공할 것으로

141) 이융조·공수진·김우성·황해경, 「장관리 구석기문화」, 『진천 장관리유적(1)』, 충북대학교 중원문화연구소, 2002.
142) 이융조·조태섭·공수진·이승원, 『진천 송두리 구석기유적 1』, 충북대학교 중원문화재연구소, 2006.
143) 송두리유적에서 AMS에 의해 얻어진 3만5천년부터 5만년에 가까운 절대연대들은 유물 포함층의 상부에서 측정된 것이다. 시기적으로 거의 후기구석기시대에 근접하고 있어 이미 대형석기류가 소멸하는 시기에 접어들었고, 그에 따라 석영 위주의 소형 석기군이 확대되어 가면서 나타나는 양상일 가능성이 높다.
144) 이융조·우종윤 편, 『청원 소로리 구석기유적』, 충북대학교 박물관, 2000.
145) 한국선사문화연구원, 『제1회 선사문화 세미나, 청원 만수리 구석기유적』, 2007.
  중앙문화재연구원, 『청원 만수리 구석기유적 - 5·6·7·8·9지점』, 2008.

보인다.

　금강권에서 용호동유적[146]과 석장리유적[147]은 각각 독특한 양상을 보여주는 석기군을 갖고 있다. 용호동유적은 중기구석기로 편년된 층위에서 슴베찌르개와 갈린석기가 출토되었고, 석재로서 후기구석기시대의 돌날기술에 주로 적용되는 혼펠스가 포함되어 있다. 석장리유적의 '자갈돌찍개문화층'은 석재 중에 석영은 매우 소량에 불과한 반면, 반암과 유문암 등의 석재로 모든 기종의 석기를 제작하고 있다.

　이와 같이 소형석기들까지도 석영 이외의 석재로 제작하는 경우는 영산강유역의 함평 당하산유적의 아래층에서도 볼 수 있다. 당하산유적의 아래 문화층 역시 대형과 소형석기 모두를 안산암이나 실트암 등으로 만들고 있다. 석재와 관련하여 매우 독특한 양상을 보여 주는 이 두 유적은 한반도 내의 유적에서 보편적으로 확인되는 석재 이용 패턴과는 매우 상이한 것으로 주목된다.

5) 영산 · 섬진강권

　영산강유역과 섬진강유역은 각각 별개의 하계망이지만, 현재까지 자료로 볼 때 두 지역의 유적군은 석기구성이나 석재 등에서 두드러진 차이를 갖고 있지 않은 것으로 판단된다. 이 지역의 대부분 유적에서도 다른 권역에서 보여지는 것과 같이 규암이나 응회암 · 편마암 등은 주로 대형석

---

146) 한창균, 「대전 용호동 구석기유적」, 『동북아세아구석기연구』, 한양대학교 문화재연구소, 2002.
147) 손보기, 「석장리의 자갈돌 찍개 문화층」, 『한국사연구』 1, 한국사연구회, 1968, pp.1~62. 박영철 · 최삼룡, 「한국 중기구석기 문화의 석기분석 연구」, 『한국구석기학보』 6, 2002, pp.25~36.

기의 석재로 이용되고 있으며, 소형석기의 석재는 주로 석영이 사용되는 양상을 보여준다. 그러나 사창유적[148]은 대형석기가 뚜렷하게 우세한 석기군임에도 석영 위주의 석재 편중 현상을 보여주고 있으며, 당하산유적[149]은 대·소형 석기 모두 석영이 아닌 안산암 등으로 제작된 독특한 양상을 보여주고 있다.

한편 도산유적,[150] 죽내리유적,[151] 당가유적[152] 등과 같이 약 4만년 전 무렵에 속하는 층위들에서는 석영의 비중이 증가하고 석기군도 전반적으로 소형화되어 가는 추세를 공통적으로 보여준다. 이와 같은 경향은 앞서 살펴본 예들과 같이 이 무렵의 한국 구석기시대 석기군에서 일반적으로 나타나는 현상으로 보아도 좋을 것 같다.

6) 낙동강권

낙동강권은 한강권에 상응하는 넓은 면적을 갖고 있음에도 불구하고, 후기구석기에 선행하는 유적의 조사 예는 매우 적다. 낙동강권은 백악기 지형인 경상분지의 범위와 거의 일치하고 있는데, 지질 특성상 이 지역에는 규질응회암이 풍부하게 분포하고 있다. 대구 월성동유적이나 밀양 고례리유적과 같은 전형적인 후기구석기시대의 돌날 관련 대형 석기군이 이 지역에 존재하는 것도 그와 같은 석재환경으로 인해 가능하였을 것으로 추측된다.

---

148) 호남문화재연구원,『화순 사창유적』, 2007.
149) 최성락·이헌종,『함평 장년리 당하산유적』, 목포대학교 박물관, 2001.
150) 이기길,『화순 도산유적』, 조선대학교 박물관, 2002.
151) 이기길·최미노·김은정,『순천 죽내리유적』, 조선대학교 박물관, 2000.
152) 이헌종·노선호·이혜연,『나주 당가유적·촌곡리유적』, 목포대학교 박물관, 2004.

반면에 미립질 규질응회암은 풍부하지만 전-중기 구석기시대에 소형석기의 주요 석재였던 석영이 상대적으로 희소하므로 후기구석기시대보다 이른 시기의 유적 입지로는 여타 권역들에 비해 유리하지 않은 환경일 수도 있을 것이다. 석기를 만들기 위해 외부로부터 석재를 반입하는 행위도 후기 구석기시대 이후에야 본격화되므로 낙동강권에 전-중기 구석기시대의 유적이 적은 것은 이와 같은 석재환경에서 기인된 현상일 가능성이 높다.

2. 대형석기군의 석재

구석기인들은 주로 돌을 이용해서 도구를 만들고, 그 도구로 생계를 영위하였다. 그러므로 여러 종류의 석재에 대해서 그들만의 경험적이고 실용적인 지식과 판단 기준을 갖고 있었을 것으로 짐작된다.[153] 즉 그들은 우리가 현재 고고학적 석재에 적용하고 있는 지질학 지식이나 암석의 물리적, 혹은 화학적 구성에 따른 분류체계와는 다른 그들만의 방식으로 석재를 이해하고 선택하였을 것이다.

예컨대 구석기인들이 석재를 선택할 경우 구득(求得)의 용이성, 제작하고자 하는 석기의 종류에 맞는 강도와 물리적 성질, 돌망치에 의한 가공의 용이성, 깨어지는 조각의 크기나 날카로운 정도 등이 현실적으로 고려될 수 있는 요소들이다. 그리고 그것을 알게 되기까지는 수많은 시행착오를 되풀이하였을 것인데, 이러한 경험적 지식의 누적과 그것을 토대로한 석기제작기술이 점진적으로 발전되기 시작하다가, 점차 빠른 속도로 진행되어

---

153) 구석기인들의 석재에 대한 구분과 중요성에 대한 인식은 흑요석이 원산지에서 수 백 킬로미터까지 이동되어 구석기유적에서 발견된다는 점만으로도 충분히 이해될 수 있다.

왔음을 우리는 그간의 연구를 통해 알고 있다. 그러므로 오래된 석기들일수록 그것의 변화 발전 양상을 이해하기 위해서는 보다 거시적 관점에서 검토되어야만 미약하고 단편적인 변화 양상들을 발견할 가능성이 높아진다.

앞서 각 권역의 석재 이용 양상 검토 결과 가장 두드러진 점은 대형석기군과 소형석기군으로 크게 대별되는 선택적 석재 이용 양상이었다. 즉 소형석기는 지역적 석기군에 따른 편차없이 거의 일률적으로 석영을 선호하는 뚜렷한 경향을 보여주었다. 반면 대형석기군은 지역에 따라 차이가 있지만 규암과 산성화산암·화강암·편마암·사암 등을 주요 석재로 채용하고 있음을 보았다. 이러한 점에 주목하여 이 장에서는 석기군 내에서 특정 기종별로 석재 이용 양상을 좀 더 구체적으로 살펴보고자 한다.

석재의 이용 양상은 지질학적 연구에 의한 석재 원산지 분석과 함께 검토되어야 더욱 의미있는 결과가 도출될 것이다. 그러나 석재 원산지 분석은 그것 자체로 하나의 전문영역이자 지질학 연구자와 공동으로 수행하여야 하는 연구주제이다. 따라서 이 글에서는 미처 시도하기 어려운 포괄적 주제로써 다음을 기약하고자 하며, 우선 대형석기군, 특히 그 중에서 주먹도끼류와 찍개류 및 여러면석기 등의 석재 이용 양상에 주목하기로 한다.

1) 주먹도끼류

이 글에서 '주먹도끼류'는 양면가공에 의해 만들어진 주먹도끼(hand-axe)와 주먹찌르개(pick)·가로날도끼(cleaver)·대형 칼모양도끼(knife) 등을 포함하는 개념으로 사용하고자 한다. 주먹도끼류는 양적으로 우위를 점하진 않지만 대형석기군을 구성하는 가장 중요한 기종이라 할 수 있다. 게다가 형식학적 유형 구분이 가능할 정도로 형태적 정형성과 제작기법 상의 규칙성을 유지하고 있어, 이른 시기 구석기문화 연구에 핵심적 위치를 차지하고 있는 석기들이다. 따라서 주먹도끼류와 관련된 석재 이용 양상에 대해 보다 구체적으로 살펴 볼 필요가 있다.

한국에서 주먹도끼류의 본고장격인 임진 · 한탄강권에서는 최근까지 1백 여 점 이상의 주먹도끼가 보고되어 있고, 그에 관한 연구도 상당히 진척되어 있다. 그러나 이 지역에서는 아직 석재에 특별히 주목하지 않았던 경향이 있어 보고서를 통해서는 석재의 통계를 접하기가 어려운 형편이다.[154] 다만 보고서 상에 개별적으로 언급된 석기 석재는 대부분 석영과 규암에 한정되어 있음을 볼 수 있다.

최근 김동완에 의한 이 지역 주먹도끼류의 형태 연구에서 석재와 관련하여 참고할 수 있는 자료가 제시되었다.[155] 논문에서 검토 대상으로 삼고 있는 전곡리와 주월리 · 가월리, 금파리유적 등 3개 유적의 주먹도끼류 82점의 석재는 규암이 67점(82%), 석영이 11점(13%)이다. 〈표 17〉 주먹도

표 17 _ 임진 · 한탄강권 주먹도끼류의 석재(단위 : 점)

유적	규암	석영	기타
전곡리(N=44)	32	8	4(응회암 · 사암 · 미상2)
주월리 · 가월리(N=23)	21	2	-
금파리(N=15)	14	1	-

154) 석재에 대해 주목한 연구에서도 '석영류'로 통칭되고 있는 경향을 보여준다. 예컨대, 유용욱은 석영류 석재에 대해서 획득의 용이함과 우수한 강도, 쪼개짐(splitting)을 이용한 손쉬운 가공으로 작업날을 얻을 수 있는 점 등을 들어 효율적인 석재임을 강조하고, 앞으로 석영계 암석을 효율적으로 이용한 사례에 좀 더 집중할 필요성을 제시하였다. 이 견해는 석영류 석재의 효용성과 구체적인 사례를 제시한 의미있는 내용을 담고 있지만, 석영류를 이용한 석기군의 보다 깊은 이해를 위해서는 '석영류 석재'에서 한 단계 더 나아가 '규암'과 '석영', 혹은 그 이상으로 세분하여 검토될 필요성도 있다.(유용욱, 「석영계 석재의 재고찰 : 평창리유적의 예」, 『전곡리유적의 지질학적 형성과정과 동아세아 구석기 -제2회 전곡리 구석기유적 기념 국제학술회의 자료집-』, 2003, pp.38~47)

155) 김동완, 『임진 - 한탄강유역 주먹도끼류 석기의 형태연구』, 서울대학교 고고미술사학과 석사학위논문, 2009, pp.90~93.

끼류에 대한 비대칭도 측정 결과 규암제일수록 평면과 측면의 비대칭 지수가 낮아, 보다 정형성을 갖는 것으로 나타났다. 그리고 그러한 이유로 규암이 석영에 비해 결정구조상 등방성(isotropic)이 높기 때문일 것으로 판단하고 있다.

임진·한탄강권의 주먹도끼류들은 다른 지역에 비해 매우 뾰족한 끝을 갖고 있는 것들이 양적으로 두드러지게 눈에 띈다.〈그림 57〉특히 일부 주먹찌르개는 충분한 살상력을 갖추었다고 평가될 만큼 위협적인 첨두부를 갖고 있는데, 이러한 성형은 규암이 갖고 있는 석재의 물리적 특성에 힘입은 바가 크다고 보여진다.

한강권의 주먹도끼는 최근 들어 출토 예가 크게 증가하고 있다. 주로 북한강유역에 집중되어 있으며, 춘천 갈둔유적과 거두리유적이 가장 대표적이다.〈그림 58〉갈둔유적은 4유물층에서 9점의 주먹도끼와 8점의 주먹찌르개가 출토되었고, 거두리유적은 2유물층에서 5점의 주먹도끼가 출토되었다. 갈둔유적 4유물층은 두 번째 토양쐐기를 포함하는 층이고, 거두리유적 2유물층은 최상부 토양쐐기를 포함하는 층이므로[156] 두 유적의

표 18 _ 한강권 주먹도끼류의 석재(단위 : 점)

유적		규암	석영	기타
갈둔4층(N=17)		1	1	15(화산암류)
거두리2층(N=5)		3	-	2(화산암류)
작은솔밭4층(N=2)		2	-	-
백이	2층(N=2)	2	-	-
	1층(N=9)	9	-	-
불로동(N=1)		-	1	-
병산리지표(N=2)		1	-	1(사암)

156) 토양쐐기의 상부가 삭박되었는데, 주먹도끼 포함층의 아래층에서 57,000±4300BP의 절대연대가 얻어져 그 위의 토양쐐기가 최상부 토양쐐기일 것으로 추정된다.

주먹도끼는 시간적인 격차가 있을 것으로 보인다. 갈둔유적 주먹도끼류 17점의 석재를 보면 산성화산암과 규암이 16점이고 석영은 단 1점에 불과 하다. 거두리유적 역시 5점의 주먹도끼는 모두 산성화산암이거나 규암이 다. 이들 석재는 발굴현장에서 자갈 형태로도 채집되고 있어 재지계 석재 임을 알 수 있다. 그 외 홍천의 백이유적 1문화층의 주먹도끼 5점과 주먹 찌르개 4점은 모두 규암제이며, 하화계리 작은솔밭유적 4문화층 주먹도끼 1점 역시 규암제이다.

동해중부해안권의 주먹도끼류는 전술하였듯이 한강권과 매우 유사하 게 나타난다. 〈그림 60〉 발굴된 유적들만 보면, 가장 많은 주먹도끼가 출 토된 유적은 월소유적인데 대부분 사암이거나 편마암·화강암으로 만들 어졌다. 월소유적의 주먹도끼 출토층은 모두 2개로 두 번째와 세 번째 토 양쐐기층과 관련이 있으며, 절대연대는 5~8만 년 전 가량으로 측정되고 있다. 평릉동유적의 주먹도끼 3점과 심곡리유적의 주먹도끼 1점은 규질 사암이다. 그 외에 층위상의 맥락은 분명치 않지만 지표에서 채집된 죽정 리유적과 내곡동유적 및 심곡리유적의 주먹도끼 역시 석영제가 아닌 각각 편암제와 사암제, 응회암제이다.

금강권은 중부지역의 유적들과는 다소 다른 양상을 보여주고 있다. 주 먹도끼류가 출토되는 유적의 수가 매우 적으며, 주먹도끼류의 석재가 주 로 석영 위주인 점에서 그렇다. 〈그림 61〉 석장리유적 9문화층의 반암제 주먹도끼 2점과 송두리유적 주먹찌르개 1점을 제외하면 송두리유적의 주

표 19 _ 동해중부해안권 주먹도끼류의 석재(단위 : 점)

유적		규암	석영	기타
월소	3층(N=9)	2	2	5(사암,편마암)
	5층(N=8)	-	-	8(사암,편마암)
평릉동(N=3)		-	-	3(규질사암)
심곡리(N=1)		-	-	1(규질사암)

먹도끼 8점과 주먹찌르개 2점, 원당유적의 주먹도끼 2점은 모두 석영제이
다. 석장리유적 9문화층의 경우 석기 제작에 거의 석영을 사용하지 않아,
석재와 관련하여서는 매우 예외적인 존재임을 고려한다면 금강권에서는
사실상 모두 석영제 주먹도끼가 발견되고 있다고 볼 수 있다.

　이러한 경향은 유적의 형성연대와 관련이 있다고 생각된다. 즉 5만년
전에 가까운 석기군일수록 석영의 사용빈도가 높아지는 일반적 경향과 함
께, 주먹도끼류의 석재 역시 석영으로 대체되면서 급격히 정형성을 잃어
가는 것이다. 이와 관련해서는 다음 장에서 다시 한 번 언급하고자 한다.
한편 만수리유적에서는 발굴지점에 따라 다르지만 10만 년에 가까운 절
대연대와 규암제 주먹도끼류가 확인되고 있어, 상세한 보고서의 간행을
기대하고 있다.

　영산·섬진강권 역시 주먹도끼류의 출토량은 많지 않은 편이다. 〈그림
62〉사창유적에서 주먹도끼로 분류된 10점의 석기는 6점이 규암, 2점이
각섬암이고 나머지 2점은 석영제이다. 당가유적 2문화층에서는 규암제
칼형석기 1점, 사암제 양면석기 1점이 출토되었으며, 당하산유적 1문화층

표 20 _ 금강권 주먹도끼류의 석재(단위 : %)

유적	규암	석영	기타
송두리1층(N=11)	-	10	1(사암)
원당(N=2)	-	2	-
석장리9층(N=2)	1	-	1

표 21 _ 영산·섬진강권 주먹도끼류의 석재(단위 : %)

유적	규암	석영	기타
사창1층(N=10)	6	2	2(사암)
당가2층(N=2)	1	-	1(사암)
당하산1층(N=2)	-	-	1(안산암)
곡천(N=1)	-	1	-
죽내리1층(N=4)	-	1	3(응회암)

에서는 안산암제 주먹도끼 1점, 죽내리유적 1문화층에서는 응회암제 주먹도끼 2점과 가로날도끼 1점이 각각 출토되었다. 한편 석영제로는 곡천유적의 주먹도끼와 죽내리유적의 주먹찌르개가 1점씩 있다.

이상에서 살펴본 주먹도끼류의 석재는 〈표 22〉와 같이 집계된다. 지표수습은 제외된 것이며, 발굴보고서에서 제시된 내용만을 바탕으로 집계한 것이다. 구체적인 수량이나 석재를 확인할 수 없는 석기들은 제외되었는데, 제외된 수량은 일부에 불과하므로 주먹도끼류의 전체적인 석재 현황을 파악하기에는 무리가 없다.

주먹도끼류가 가장 많이 출토된 지역은 임진·한탄강권이며, 남부지역으로 이동할수록 출토 수량이 현저히 줄어들고 있음을 〈표 22〉에서 볼 수 있다. 이러한 양상은 앞에서 살펴본 권역별 유적군의 절대연대 분포에서 확인된 양상과 대체로 일치하고 있다. 즉 임진·한탄강권의 유적들이 시기적으로 가장 빠르며 점차 남부지역으로 유적이 확대되어 가는 양상과 권역별 주먹도끼류 출토 상황은 주먹도끼류가 갖고 있는 시간적 특성을 잘 보여주는 자료로 이해할 수 있다.

표 22 _ 권역별 주먹도끼류의 석재 총 현황(단위 : 점, 괄호는 %)

권역	규암	기타(화산암·사암류·화강암 등)	석영	계
임진한탄강권	67	4	11	82
한강권	18	18	2	38
동해중부해안권	2	17	2	21
금강권	1	2	12	15
영산섬진강권	7	8	4	19
총계	95(54.3)	49(28.0)	31(17.7)	175

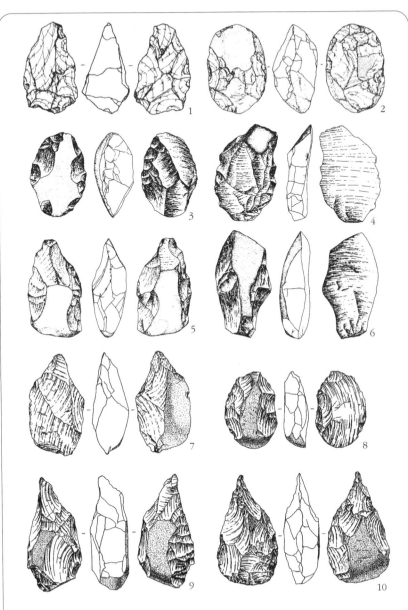

1~2 전곡리, 3~6 금파리, 7~10 주월리·가월리

그림 57

임진·한탄강권의 주먹도끼류(축척부동)

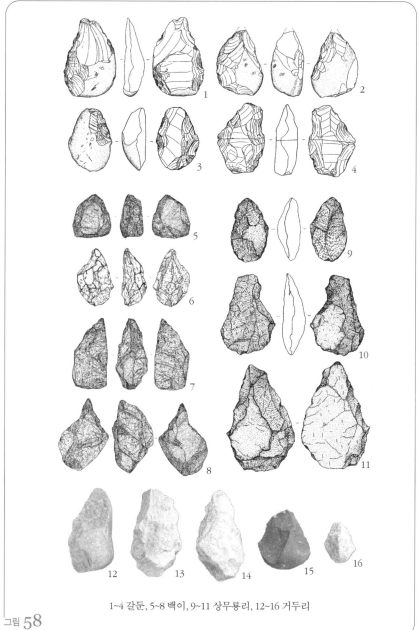

1~4 갈둔, 5~8 백이, 9~11 상무룡리, 12~16 거두리

그림58

북한강유역의 주먹도끼류(축척부동)

IV. 권역별 석기군의 특성과 발전과정 **137**

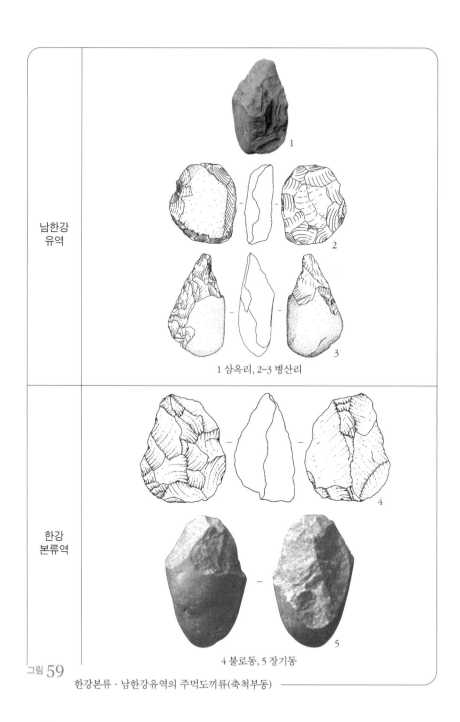

1 삼옥리, 2~3 병산리

4 불로동, 5 장기동

그림 59

한강본류 · 남한강유역의 주먹도끼류(축척부동)

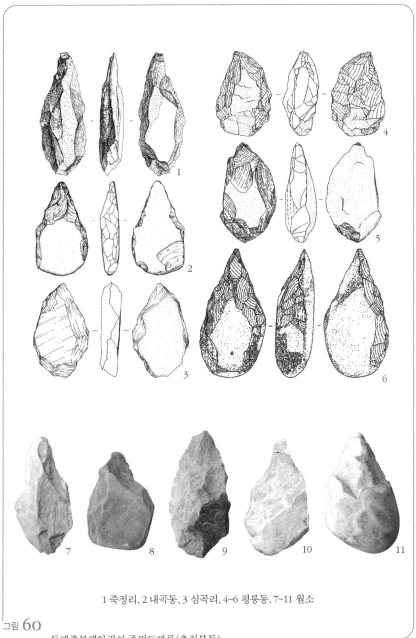

1 죽정리, 2 내곡동, 3 심곡리, 4~6 평릉동, 7~11 월소

동해중부해안권의 주먹도끼류(축척부동)

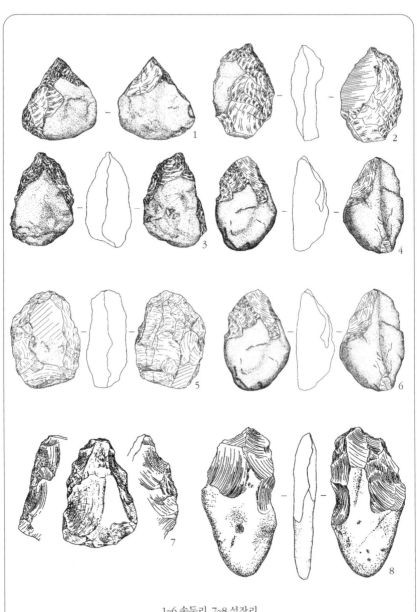

1~6 송두리, 7~8 석장리

그림 61
금강권의 주먹도끼류(축척부동)

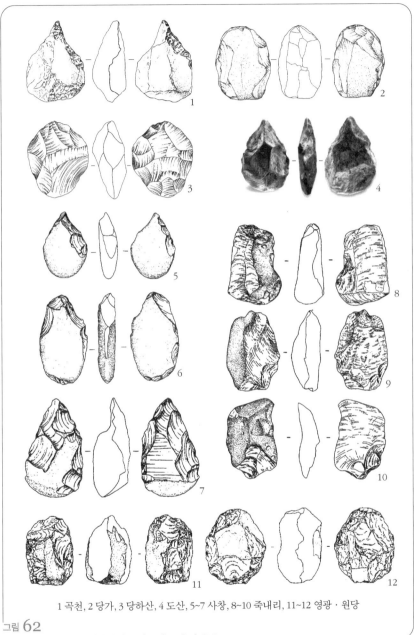

1 곡천, 2 당가, 3 당하산, 4 도산, 5~7 사창, 8~10 죽내리, 11~12 영광 · 원당

그림 62
영산 · 섬진강권의 주먹도끼류(축척부동)

2) 찍개류와 여러면석기

찍개류(외면찍개와 양면찍개)와 여러면석기는 주먹도끼류와 함께 대형석기군을 구성하는 주요 석기들이다. 후기구석기시대가 되면 주먹도끼류는 거의 자취를 감추는 반면, 찍개류와 여러면석기는 양적인 감소만 있을 뿐 후기구석기시대의 후반부까지도 꾸준히 출토되는 차이점을 갖고 있다.

석재면에서도 찍개류와 여러면석기는 주먹도끼류와 상당 부분 유사하지만 다소 차이가 있음을 발견할 수 있었는데, 이 장에서는 보다 구체적으로 그 차이를 살펴보고자 한다.

임진 · 한탄강권은 주먹도끼류의 경우와 마찬가지로 보고서 상에 제시된 개별 석기의 기술 내용에서 찍개류와 여러면석기의 석재를 일일이 확인하여 종합하여야 했다. 〈표 23〉 출토 석기의 전체 통계와 다소 차이가 있지만 석재의 대강을 확인하는 데에는 충분한 자료라고 생각된다.[157]

표 23 _ 임진 · 한탄강권의 찍개류와 여러면석기의 석재(단위 : 점)

유적		규암	석영
전곡리	찍개류(N=8)	7	1
	여러면석기(N=6)	5	1
주월 · 가월리	찍개류(N=6)	5	1
금파리	찍개류(N=20)	17	3
	여러면석기(N=14)	6	8
와동리	찍개류(N=40)	33	7
	여러면석기(N=9)	9	-

---

157) 〈표 23〉에서 전곡리유적의 찍개류와 여러면석기는 ' 94~' 95년도 조사(배기동 외 1996) 및 2000~2001년도 조사(배기동 외 2001)에서 출토된 것만 통계에 포함하였다. 와동리유적의 경우(경기문화재연구원 2009) 맥석영-석영암-규암으로 석재를 세분하였는데, 석영암은 규암과 합산하였다. 참고로 세분된 석재 현황은 찍개류의 경우 맥석영(7), 석영암(29), 규암(4)이며, 여러면석기는 맥석영(0), 석영암(8), 규암(1)이다.

표 24 _ 한강권의 찍개류와 여러면석기의 석재(단위 : 점)

유적		규암	석영	기타
갈둔4층	찍개류(N=14)	2	8	4(화산암)
	여러면석기(N=2)	-	1	1
백이1, 2층	찍개류(N=27)	24	3	-
	여러면석기(N=14)	13	1	-
연양리	찍개류(N=28)	3	16	9(규질편마암)
	여러면석기(N=2)	-	2	
삼리3층	찍개류(N=14)	6	8	-
	여러면석기(N=16)	9	7	

표 25 _ 동해중부해안권의 찍개류와 여러면석기의 석재(단위 : 점)

유적		규암	석영	기타
심곡리	찍개류(N=6)	3	2	1(사암)
망상동2, 3층	찍개류(N=5)	-	1	4(화강·화산암)
	여러면석기(N=1)	-	-	1
노봉3층	찍개류(N=15)	-	9	6(사암·유문암)
	여러면석기(N=3)	-	-	3(사암·유문암)
평릉동	찍개류(N=14)	11	3	-
	여러면석기(N=2)	-	-	2(사암)
월소3, 4, 5층	찍개류(N=52)	10	4	38(사암·화강암)
	여러면석기(N=49)	15	15	19(사암·화강암)

유적별 현황을 보면 금파리유적의 경우 여러면석기에서만 석영의 비중이 높게 나타날 뿐, 전반적으로는 규암의 비중이 훨씬 높다. 각 유적별로 유물포함층의 시기상 차이가 있다고 인정되지만, 그에 따른 석재상의 변화는 두드러지지 않는다.

한강권에는 백이유적의 경우에만 규암의 사용빈도가 높으며, 그 외 유적들에서는 대체로 석영과 기타 재지계석재들을 많이 사용하고 있는 것으로 나타난다. 임진·한탄강권 유적들과 석재 이용 양상에서 이러한 차이를 보이는 것은 다분히 지역적인 석재환경 차이에서 비롯된 것으로 추측된다. 즉 주먹도끼류의 석재에서도 보이듯이 한강권은 양질의 규암이 상대적으로 풍부하지 않은 지역이며, 그로 인해 대체 석재로써 석영과 산성화산암, 사암 등이 사용되었다고 보여진다.

동해중부해안권은 규암보다는 석영과 산성화산암의 활용도가 높은 것으로 확인된다. 특히 석영류가 아닌 산성화산암이나 규질사암, 화강암 등의 높은 활용도는 이 지역 주먹도끼류에서도 공통적으로 관찰되고 있는 양상이다. 이 석재들은 발굴현장의 토양단면이나 지질도 검토 결과 기반암에서 유래된 재지계 석재로 판단된다.

금강권은 찍개류와 여러면석기의 석재를 계량화할 수 있는 유적이 매우 적다. 송두리유적 1층과 만수리유적 1 · 2층, 원당유적에서 찍개류와 여러면석기의 석재 이용 양상을 살펴볼 수 있는데, 송두리유적은 석영과 규암의 비중이 비슷함에 비해, 만수리유적은 규암으로만 제작하고 있는 것으로 나타났다.

한편 원당유적과 인접한 마전 · 수동유적 등에서는 대부분 석영을 이용해 제작하고 있다. 세 유적의 유물포함층들은 모두 4~6만년 전 가량의 퇴적층으로 비정되고 있어 시간적으로 큰 차이가 없음에도 불구하고 유적별로 석재 이용 경향은 상당히 다르게 나타나고 있다. 이 역시 석재 동정에서 비롯된 현상일 수 있어 신중한 판단이 요구되는 부분이라 생각된다.

영산 · 섬진강권은 규암도 일정 비율 이용되고 있지만, 전반적으로 석

표 26 _ 금강권의 찍개류와 여러면석기의 석재(단위 : 점)

유적		규암	석영	기타
송두리1층	찍개류(N=44)	27	17	-
	여러면석기(N=49)	26	22	1(사암)
만수리1, 2층 (5~9지점)	찍개류(N=4)	4	-	-
	여러면석기(N=14)	14	-	-
원당	찍개류(N=3)	-	3	-
	여러면석기(N=5)	-	4	1

표 27 _ 영산 · 섬진강권의 찍개류와 여러면석기의 석재(단위 : 점)

유적		규암	석영	기타
사창1층	찍개류(N=16)	4	12	-
	여러면석기(N=12)	2	10	-
당가1, 2층	찍개류(N=5)	3	1	1(사암)
	여러면석기(N=5)	3	1	1
용호	찍개류(N=7)	-	7	-
	여러면석기(N=7)	-	7	-
당하산1층	찍개류(N=2)	-	-	2(안산 · 유문암)
곡천	찍개류(N=2)	1	1	-
죽내리1층	찍개류(N=2)	-	1	1(응회암)
	여러면석기(N=2)	-	2	

표 28 _ 찍개류의 석재 총 현황(단위 : 점, 괄호는 %)

권역	규암	화산암 · 사암 등	석영	계
임진한탄강권	29	-	5	34
한강권	35	13	35	83
동해중부해안권	14	11	15	40
금강권	31	-	20	51
영산섬진강권	8	4	22	34
총계	117(48.3)	28(11.6)	97(40.1)	242

영의 이용비율이 높게 나타나는 지역이다. 당하산유적은 특이하게도 석영류가 거의 사용되지 않은 유적이므로 예외로 둔다면, 영산 · 섬진강권에서는 찍개류와 여러면석기에 산성화산암이나 사암과 같은 석재를 이용한 빈도는 매우 낮게 나타나고 있다. 이와 같이 소형석기류의 주요 석재인 석영을 대형석기 제작에도 전적으로 이용하는 경향은 유적의 시기가 전반적으로 후기구석기시대와 가까운 시간적 위치를 갖고 있는 것과 무관하지 않을 것으로 생각된다.

이상에서 살펴본 찍개류와 여러면석기의 석재 이용 양상을 찍개류와 여러면석기로 다시 구분하여 종합해보면 〈표 28〉, 〈표 29〉와 같다. 찍개

표 29 _ 여러면석기의 석재 총 현황(단위 : 점, 괄호는 %)

권역	규암	화산암·사암 등	석영	계
임진한탄강권	11	-	9	20
한강권	21	1	11	33
동해중부해안권	-	6	-	6
금강권	40	2	26	68
영산섬진강권	5	1	20	26
총계	77(50.3)	10(6.5)	66(43.1)	153

류와 여러면석기의 석재는 표에서 보는 것과 같이 규암과 석영이 거의 비슷한 비율로 이용되었음을 볼 수 있다. 산성화산암이나 사암 등은 지역적인 석재환경에 따라 약간의 차이를 보이지만, 석재로서 두드러진 위치를 점한다고 보기에는 어렵다. 따라서 두 기종의 석재 이용 양상에서는 사실상 의미를 부여할 만한 차이가 없다고 볼 수 있다.

다소 논외이지만, 앞서 살펴 본 주먹도끼류의 출토 시기와 석재 상의 특징이 찍개류와 비교할 때 다소 다르게 나타나고 있다는 점에 주목할 필요가 있다. 석재의 선택면에서 주먹도끼류에 비해 찍개류가 비교적 덜 엄격한 것은 두 석기류의 형태적 속성에서 이해할 수 있겠지만, 출토 시기가 다른 것은 두 기종의 석기가 서로 다른 성격이나 적용 영역을 갖고 있었음을 의미하는 것으로 이해된다. 더욱이 한국의 유적에서 주먹도끼가 출토되는데 찍개가 공반되지 않는 경우는 찾아보기 힘들다. 즉 찍개류는 주먹도끼류를 대체하거나 대응할 수 있는 석기가 아니라, 또 다른 하나의 고유한 석기 기종일 뿐이라는 것이다. 모비우스(H. Movius)로부터 비롯된 서구 고고학자들의 주먹도끼와 찍개를 직접 대비시킨 문화권 개념은 이러한 점에서도 재고의 여지가 있지 않을까.

3) 대형석기군 석재의 고고학적 의미

소형석기들이 거의 예외없이 석영을 이용해 제작된 것에 비해, 대형석기들은 여러 종류의 다양한 석재들을 이용하였음은 이미 앞서 살펴본 것과 같다. 나아가 주먹도끼류와 찍개류 및 여러면석기를 대상으로 하여 대형석기군의 석재 이용양상을 살펴본 결과 대형석기군 내에서도 기종별로, 혹은 지역별로 다양한 석재 이용 양상이 전개되고 있음을 볼 수 있었다.

특히 주목할 만한 것으로는 주먹도끼류의 석재 이용 양상이다. 찍개류는 규암이 48.3%, 석영이 40.1%, 기타석재가 11.6%이고, 여러면석기는 규암이 50.3%, 석영이 43.1%, 기타석재가 6.5%임에 비해, 주먹도끼류는 규암이 60%, 기타석재가 20.8%이고 석영은 18.8%에 불과하다. 즉 찍개류와 여러면석기에 비해서 주먹도끼류의 특정 석재에 대한 편중 현상이 훨씬 높은 비율로 나타나고 있는 것이다.

주먹도끼류의 주요 석재는 임진·한탄강권에서는 규암이며, 한강권과 영산·섬진강권에서는 규암과 산성화산암류·사암·화강암·편마암 등으로 확인되고 있다. '주먹도끼' 라는 동일한 형태적 속성의 석기를 만들기 위해 이와 같이 다양한 석재들을 이용한 것은 이들 석재가 어떠한 공통점을 갖고 있기 때문일 것이다.

주먹도끼류는 한국에서 후기구석기시대가 되어 돌날과 같은 정형적인 석기들이 나타나기 전까지는 사실상 유일하게 정형성을 갖고 있던 석기라고 할 수 있다. 그만큼 주먹도끼류는 지역이나 석재의 차이에도 불구하고 제작과정 등에서 정해진 틀을 크게 벗어나지 않은 석기이다. 주먹도끼로서의 고유한 기능을 수행하기 위해서는 일정한 형태적 요소들이 매우 중요한 석기임을 추측하게 하는 부분이다. 따라서 주먹도끼류의 제작은 일정한 형태를 갖추기위해 석재를 선택하는 과정에서부터 매우 신중하게 이루어졌으며, 그 결과 특정 석재에 대한 편중 현상이 뚜렷해진 것이라고 이해된다.

주먹도끼류는 대개 자르거나 찌르는 기능을 수행하기에 적합한 날을 갖고 있다. 따라서 몸체는 되도록 얇아야 하며, 날카로운 첨두부를 갖거나 날지수가 '1'에 가깝도록 가장자리를 돌아가며 날카로운 날을 형성시키는 것이다. 그렇다면 결과적으로 규암을 비롯하여 산성화산암류·사암·화강암·편마암 등은 이러한 석기를 만들기에 적합한 물리적인 특성을 갖고 있는 석재들이라고 간주할 수 있다.[158] 환언하면 석기 제작자가 의도하는 대로 가공하기에 쉬운 석재들인 것이다.

우선 규암은 석영을 다량 함유하고 있는 석재이지만 실리카의 침전작용이나 열변성에 의한 재결정화 작용에 의해 석영과는 다른 물리적 특성을 갖게 된 암석이다. 그 대표적인 성질 가운데 하나가 등방성(isotropic)이다. 물론 셰일이나 플린트와 같은 수준은 아니지만 주먹도끼를 만들기에는 손색이 없으며, 그것은 임진·한탄강권에서 종종 발견되는 매우 길고 뾰족한 첨두부를 가진 규암제 주먹도끼류들에서 이미 입증되고 있다.

규암은 충격이나 풍화에 대한 저항력이 매우 강한 암석이므로 도구로서 필요한 견고함도 갖추고 있다. 나아가 한반도 대부분의 지역에서 가공하기에 적당한 크기의 자갈 형태로 채집할 수 있다는 장점까지 갖추고 있다. 산성화산암류와 사암·화강암·편마암 등도 주먹도끼류를 만들기에 요구되는, 규암이 갖고 있는 물리적 특성과 대동소이한 특성을 갖추고 있는 석재들로 생각된다. 다만 이들 사이에 차이가 있다면 석재의 분포 지역일 것이다.

임진·한탄강권에는 주먹도끼의 석재로서 규암이 압도적인 비중을 차지하지만, 그 외의 지역에서는 상당량이 다른 종류의 석재, 예컨대 산성화

---

158) 이 글에서는 이러한 석재들을 후기구석기시대의 돌날기술과 관련된 주요 석재인 규질응회암, 혹은 흑요석 등과 같은 '비결정질의 미립질석재'에 대비된 개념으로써 '비결정질의 조립질석재'로 잠정적으로 부르고자 한다.

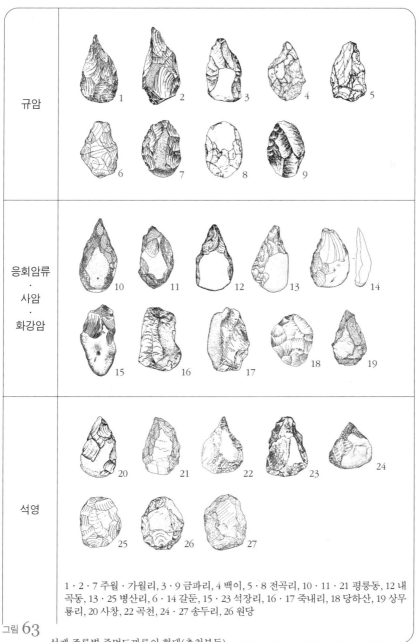

규암	
응회암류 · 사암 · 화강암	
석영	

1 · 2 · 7 주월 · 가월리, 3 · 9 금파리, 4 백이, 5 · 8 전곡리, 10 · 11 · 21 평릉동, 12 내곡동, 13 · 25 병산리, 6 · 14 갈둔, 15 · 23 석장리, 16 · 17 죽내리, 18 당하산, 19 상무룡리, 20 사창, 22 곡천, 24 · 27 송두리, 26 원당

그림 63

석재 종류별 주먹도끼류의 형태(축척부동)

산암류와 사암·화강암·편마암 등으로 대체되고 있는 현상은 해당 지역에서 양질의 규암을 획득하기가 쉽지 않았음을 말해주는 것으로 이해된다. 혹은 반대로 임진·한탄강권에서는 양질의 산성화산암 등을 구하기가 쉽지 않았기 때문에 규암을 주요 석재로 이용하였다고 추측해 볼 수도 있다. 실제로 〈그림 63〉에서 보는 바와 같이 산성화산암류나 사암 등으로 만들어진 주먹도끼류 중에서는 규암제에 비해 훨씬 잘 만들어진 것들이 존재하고 있으므로, 주먹도끼류를 만드는 데에 규암이 가장 적절한 석재라고 단언할 수는 없다.

절대적으로 어느 한 석재가 우수한 특성을 갖고 있었다면 구석기인들은 해당 석재를 구하기 위해 노력하였을 것이지만, 아직 그러한 적극적인 증거는 없다. 즉 주먹도끼류의 석재는 유적 주변에서 채집하기 쉬운 재지계 석재를 이용하고 있으므로, 이들 석재의 우열을 특별히 가리기는 어려울 것으로 판단된다.

한국에서 출토된 주먹도끼류의 석재를 이해하기 위해서는 최근 중국에서 출토 예가 급증하고 있는 주먹도끼 관련 자료들을 참고해 볼 필요가 있다. 1980년대 중반 이후부터 중국 내에서 주먹도끼류에 대한 관심이 고조되면서[159] 많은 자료들이 축적되고 있다.

1956년 쟈란포(賈蘭坡)에 의해 중국에서 최초로 주먹도끼가 보고된 이래, 주먹도끼류가 출토되는 지역은 북부지역의 일부를 제외한 중국 전역으로 확대된 상태이다.[160] 특히 황하(黃河) 상류와 장강(長江)의 중하류역에서 주먹도끼가 집중적으로 출토되고 있다. 최근 황하 중류의 뤄난(洛

---

159) 高星·성현경, 「중국 구석기학의 회고와 전망」, 『한국구석기학보』7, 한국구석기학회, 2003, pp.53~67.

160) 李超榮, 「在中國出土的手斧」, 『東北亞細亞舊石器研究』, 한양대학교 문화재연구소, 2002, pp.29~39.

사진 9
뤄난(洛南)분지의 규암제 주먹도끼류(王杜江 외 2008, 축척 부동)

南)분지에서 조사된 286개 소의 야외유적에서는 총 236점의 주먹도끼와
119점의 가로날도끼, 231점의 주먹찌르개와 24점의 대형양면가공칼 등이
수습되었다.〈사진 9〉

　이 지역의 '아슐리안형 양면가공 석기류'는 중국의 전기구석기시대
유적들 가운데에서도 가장 풍부하며, 제작기법 면에서도 우수한 것으로
평가되고 있다.[161] 이들은 화북 남부의 란티엔(藍田)지구, 딩춘(丁村)유
적군, 싼먼샤(三門峽)지구 등의 주먹도끼들과 유사하며, 장강 중하류의 단

사진 10
홍스칸(紅石坎)유적의 주먹도끼(李超榮 2008)

사진 11
베이타이산먀오(北泰山廟)유적의 주먹도끼(李超榮 2008)

강수고(丹江水庫)지구, 화남지방의 바이서(白色)분지의 유적들에서 출토되는 주먹도끼류들과도 유사성이 확인되고 있어, 중국의 양면가공 석기문화가 대단히 넓은 지역에 고루 확산되어 있었음을 보여주고 있다.

중국지역에서도 주먹도끼류의 석재는 규암과 규질응회암이 가장 일반적이며, 일부 사암이 이용되기도 하였다. 석재 종류와 관계없이 몸체(balnk)로는 자갈돌을 널리 이용하고 있다. 주로 첨두부나 가장자리만을 가공함으로써 자갈돌의 표면(cortex)은 대부분 남기고 있다. 가장 제작기법이 우수한 것으로 평가되는 뤄난분지의 주먹도끼를 비롯한 대부분의 주먹도끼들은 단단한 망치(hard hammer)에 의해 가공된 결과 날의 형태는 거친 편이다. 그러나 평면 형태는 비교적 일정한 틀을 유지하고 있다.

중국의 주먹도끼들이 보여주는 이러한 일련의 특징들은 한국의 주먹도끼들과 매우 유사한 것으로, 양 지역의 주먹도끼문화가 기본적으로 같은 전통하에 있음을 시사하고 있다. 요컨대 한국에서 출토되는 주먹도끼류의 석재 이용 편중 현상은 한반도만의 국지적인 현상이 아니라, 보다 광범위하게 동아시아적 규모로 확인되는 현상일 가능성이 충분하다.

찍개류와 여러면석기는 주먹도끼류와 함께 대형석기군에 속해 있지만 석재 이용 양상은 주먹도끼류에서와 같이 뚜렷한 편중 현상이 나타나지 않는다. 즉 어느 한 종류의 석재에 특별히 편중되었다고 보기 어려우며, 규암과 석영을 적절히 혼용하면서 해당 지역의 석재환경에 매우 유연하게 대응하였던 결과로 판단된다. 즉 양질의 규암이 풍부한 임진·한탄강권에서는 규암을 주로 이용하였고, 그 외 지역에서는 석영이나 산성화산암류도 상당량 이용하고 있음을 볼 수 있다. 이것은 찍개류와 여러면석기가

---

161) 王杜江 · Richard Cosgrove · 鹿化煜 · 沈辰 · 魏鳴 · 張小兵, 「中国東秦嶺地區洛南盆地における旧石器考古学研究の新展開」, 『東アジアにおける旧石器編年 · 古環境變遷に關する基礎的研究』, 2008, pp.147~164.

주먹도끼류에 비해 상대적으로 제작하기에 덜 까다로우며, 따라서 형태적 속성을 충족시키기 위한 석재의 물리적 성질의 지배를 덜 받는 석기들이기 때문이라고 생각된다.

찍개류와 여러면석기에서 나타나는 석재 이용 양상과 관련해서 영국의 전기구석기시대 유적을 대상으로 한 연구에서도 유사한 결과를 얻고 있다.[162] 즉 주먹도끼류를 만들기 위해서는 비교적 먼 거리에 있는 석재 원산지로부터 플린트(flint)를 반입하였지만, 찍개류와 여러면석기의 경우에는 유적이 양질의 석재 원산지로부터 조금만 먼 거리에 있어도 재지계 석재인 석영을 이용하는 경향이 급증하고 있음을 〈표 30〉에서 볼 수 있다. 주먹도끼류는 어떻게 해서든 양질의 플린트를 이용하여 제작하려고 노력했지만, 찍개류와 여러면석기는 특별한 노력이 없이 재지계 석재로 해결하려고 했던 것은 한국에서 확인되는 석기 기종 사이의 석재 편중 현상과 본질적으로 같은 맥락에서 이해될 수 있는 결과라고 생각된다.

표 30 _ 석재 원산지와의 거리와 대형석기 석재의 관련성(이형우 2001의 표5 편집)

유적명	석재산지와의 거리	찍개 · 여러면석기	주먹도끼
Highlands Farm	0 (원산지)	전체중 100%가 질 좋은 재지석재 (질좋은 flint)	전체중 97% 질 좋은 재지석재 (질좋은 flint)
Berinsfield	21.6km	전체중 100%가 질 나쁜 재지석재 (맥석영, 질나쁜 flint)	전체중 87% 질 좋은 수입석재 (질좋은 flint)
Wolvercote	38km	전체중 100%가 질 나쁜 재지석재 (맥석영, 질나쁜 flint)	전체중 83% 질 좋은 수입석재 (질좋은 flint)
Stanton Hardcourt	40.6km	전체중 100%가 질 나쁜 재지석재 (맥석영, 질나쁜 flint)	전체중 84% 질 좋은 수입석재 (질좋은 flint)

162) 이형우,「석재와 거리에 따른 영국 전기구석기 유물의 고찰 -태임즈강 상류와 중류지역의 주요 유적지를 중심으로-」,『한국고고학보』34, 2001, pp.21~52.
이형우, 「찍개문화와 주먹도끼문화의 비교 고찰」,『선사와 고대』16, 한국고대학회, 2001, pp.5~37.

주먹도끼류에서 확인되는 석재의 특별한 선택적 이용 양상에는 매우 중요한 고고학적 의미가 내재되어 있다. 즉 전-중기 구석기인들이 주먹도 끼를 만들고자 석재를 선별한 행위는 후기구석기인들이 돌날이나 좀돌날 을 만들기 위해 미립질의 규질응회암이나 흑요석을 선택적으로 채용한 것 과 동일한 의미를 가진 것이다.

후기구석기인들이 돌날기술(blade technique)을 개발하는 과정과, 그것 을 보다 효과적으로 구현하기 위해 최적의 석재를 선별하고자 했던 행위는 그 이전 시기에 이미 주먹도끼류를 보다 더 잘 만들기 위해 적절한 석재를 선별하고자했던 선행 인류의 행위와 연속선상에 있는 것이다. 그러므로 '특정 석기의 제작을 위한 새로운 석재의 탐색과 선별적 채용' 이라는 후기 구석기시대의 행위 양식은 이미 전기구석기시대부터 일반적으로 존재해 왔던 '석재 선택' 의 전통이 보다 발전된 것으로 이해하는 것이 타당하다.

3. 석기군의 지역성

석기군의 지역성 발현은 일반적으로 후기구석기시대부터 나타나는 것 으로 이해되고 있다. 예컨대 동아시아에서는 지역별로 다양하게 발현되 는 좀돌날석기 문화권이나 슴베찌르개 문화권 등이 대표적인 예가 된다. 일본의 경우 이에 대한 연구가 상당히 진척되어 있으나, 우리나라에서는 아직 구체적으로 접근되어 있지는 않은 형편이다.

한반도에서 후기구석기시대의 다양한 지역 문화 출현은 후기구석기인 들의 더욱 진화된 지능과 기술적 능력에 힘입은 바 크겠지만, 그 이전부터 꾸준히 누적되어온 문화적 역량 또한 무시할 수 없는 요소일 것이다. 앞서 살펴본 권역별 석기군의 검토에서 분명하진 않지만 국지적, 혹은 맹아적 요소들이 나타남을 볼 수 있었다. 이 장에서는 이를 좀 더 부각함으로써, 현 단계에서는 비록 시론 정도가 되겠지만, 한국 구석기시대 전-중기 석기군의 지역적 요소들에 대해 이야기해 보고자 한다.

1) 주먹도끼 분포권

임진·한탄강권의 유적들은 한국 구석기유적들 가운데 가장 이른 시기에 속하는 유적군이다. 주로 주먹도끼류를 중심으로 하는 대형 양면가공석기들이 특징적인데, 그 영향권 혹은 그와 유사한 양상을 보이는 지역적 범위는 앞서 살펴본 바와 같이 한강권을 포함하여 동해중부해안권, 금강권의 일부 유적들까지이다. 즉 북한강유역 및 동해중부해안의 주먹도끼를 포함하는 석기군들과, 금강권 만수리유적의 이른 시기 층위들이 이에 해당되며, 절대연대를 참고할 때 그 시간적 하한은 약 6만 년 전 경으로 추정할 수 있다.

주먹도끼류는 그 이남지역에서도 출토되고 있고, 후기구석기시대의 유적에서도 간간히 출토 예를 보이고 있다. 하지만 수량적인 면에서 위에서 열거한 지역들은 압도적인 우위를 점하고 있으며, 무엇보다도 주먹도끼가 본질적으로 갖고 있는 시간적 속성과 형식적 요소들을 고려한다면 주먹도끼 분포권의 설정은 가능하다. 주먹도끼 분포권은 권역 내에서 지역적인 변이는 거의 없으며, 다만 석재상의 차이가 관찰된다. 석재상의 차이는 각 지역의 재지계 석재를 적극적으로 탐색하고 활용한 결과로 이해된다.

주먹도끼 중심권은 한반도의 구석기문화 전래과정과도 관련이 깊을 것으로 생각된다. 앞서 석재에 대한 검토에서 중국의 주먹도끼에 대해 간략하게 살펴보았는데, 한반도의 주먹도끼들과 제작기법을 비롯해 석재에

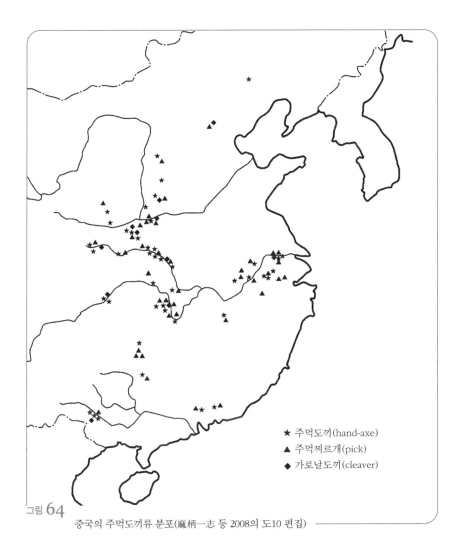

그림 64
중국의 주먹도끼류 분포(麻柄一志 등 2008의 도10 편집)

★	주먹도끼(hand-axe)
▲	주먹찌르개(pick)
◆	가로날도끼(cleaver)

이르기까지 여러모로 흡사함을 볼 수 있었다. 다만 시기적으로는 중국의 주먹도끼들이 앞서고 있어 양 지역의 주먹도끼 문화가 어떠한 형태로든 관련을 맺고 있었을 것으로 추측된다.

중국의 주먹도끼 분포 중심권은 광범위하지만 대체로 황하와 장강유역에 밀집되어 있는 양상이다. 〈그림 64〉 한편 황하 이북지역으로는 여량산맥(呂梁山脈)과 태행산맥(太行山脈)이 이중으로 가로막고 있어 북쪽으로의 진출이 쉽지 않으며, 한반도의 북쪽으로도 장백산맥(長白山脈)이 발달하고 있어 중국의 주먹도끼문화가 한반도로 진출하기에 북방의 육로는 가능성이 매우 적다. 반면 빙하기의 해수면 하강시에 서해가 육화되었을 경우를 상정한다면, 산동반도(山東半島)를 통해 한반도의 중부지역으로 진입하는 것은 훨씬 용이하였을 것이다. 육화된 서해지역에는 장강이나 황하로부터 연장된 하계망이 한반도의 임진강과 한강으로부터 연장된 하계망과 상당부분 근접하였을 것이고, 구석기인들이 하천을 따라 이동하였다면 가장 가능성 있는 이동로 중 하나가 될 것이다. 현재로서는 북한지역과 서해 해저의 고고학적 증거를 확인할 수 없으니 가설에 불과하다. 그러나 현재까지 확보된 자료만으로 추론한다면 육화된 서해를 통해 중국으로부터 한반도의 중서부지역으로 주먹도끼와 관련된 이른 시기의 석기군이 전래되었을 가능성은 매우 높다.

2) 긴찍개 분포권

한강의 지류인 남한강 유역 유적들에서는 다른 지역에서는 찾아보기 힘든 긴찍개(end-chopper)가 집중적으로 출토되고 있다. 양평 병산리유적과〈그림 65〉여주 연양리유적〈그림 66〉, 영월 삼옥리유적〈사진 22〉등이 여기에 해당된다. 이 지역의 긴찍개는 주로 장타원형의 납작한 자갈돌을 몸체로 선택하였으며, 긴방향의 한쪽 끝을 불과 서너 차례 이내의 타격으로 완성한 매우 단순한 것이다. 이 지역에서 긴찍개가 가장 먼저 발견된 유적의 이름을 따라 일단 '병산리형 찍개'로 명명해 두고자한다.

남한강의 상류역으로부터 하류에 걸쳐 넓은 지역에서 확인되는 이러
한 독특한 찍개들은 특정 집단에 의해 남겨진 것일 가능성도 전혀 배제할
수 없지만, 현재로써는 속단할 수 없다. 다만 한국 구석기시대의 지역 석
기문화의 한 사례로 볼 수 있지 않을까 한다. 그리고 이를 검증하기 위해
향후 남한강 유역의 구석기유적 조사에서 동일한 찍개들이 지속적으로 출
토되는지 지켜볼 필요가 있다.

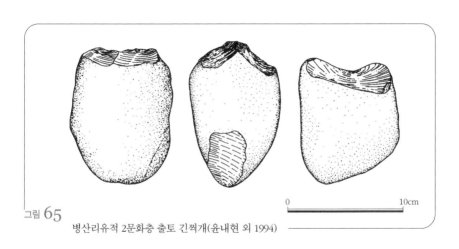

그림 65
　　병산리유적 2문화층 출토 긴찍개(윤내현 외 1994)

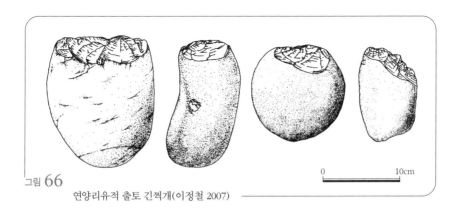

그림 66
　　연양리유적 출토 긴찍개(이정철 2007)

삼옥리유적 출토 긴찍개(강원문화재연구소 2008)

3) 서해연안 석기군

한강본류역의 남부와 금강권의 서해안 인접지역 유적들은 대체로 규모가 작고 출토되는 석기의 양도 적은 편이다. 또한 석재도 기종에 상관없이 석영으로만 한정되는 경향이 강한데, 몸체로 선택된 자갈돌들은 원마도가 낮아 거의 모난돌에 가깝다. 정형성이나 잔손질의 정도도 다른 지역의 석기들에 비해 상대적으로 낮은 편이다. 인천의 원당동유적과 불로동유적, 아산의 권곡동유적과 신가리유적·실옥동유적, 천안의 두정동유적, 영광의 군동유적과 마전·원당유적 등이 이러한 경향을 보여주는 유적들이다.

이 유적들이 형성된 지역은 서해안과 인접한 저지대로 소규모 하천이 낮은 에너지를 갖고 곡류하고 있어 원마도가 높은 자갈이 만들어지기 힘든 환경이다. 한반도의 구석기인들이 주로 자갈돌을 이용해 석기를 제작하고 있는 점을 감안한다면, 이 지역은 석기의 재료를 확보하기에는 적어도 열악한 지역에 해당한다고 볼 수 있다. 이러한 특성으로 인해 빈약한 석기군을 가진 소규모 유적들이 하천 주변에 형성된 것으로 이해할 수 있을 것이다. 한편 이 유적들은 절대연대 자료가 빈약하여 그 성격을 파악하기가 더욱 쉽지 않다. 현재 참고할 수 있는 절대연대는 권곡동유적의 64,8000±3500BP · 64,500±4200BP와 신가리유적의 59,800±3000BC · 59,900±2400BC이다. 석영석기의 특성상 표준화석이 없는 상태에서 외형만으로는 상대편년이 어렵기 때문에, 절대연대가 있는 두 유적을 기준으로 나머지 유적들의 시기를 가늠하는 것은 곤란하다. 그러나 토양쐐기와의 관계에서 본다면 원당동유적과 불로동유적만 두 번째 토양쐐기층의 하부에서 출토되었고, 그 외에는 모두 첫 번째 토양쐐기를 포함하는 하부층에서 출토된 것이다. 토양쐐기를 포함하는 하부층이 매우 두텁고, 그동안 누적된 절대연대의 폭도 넓어 확언할 수는 없지만, 권곡동유적과 신가리유적의 절대연대를 참고하여 대체로 5~6만 년 전에 걸치는 포함층으로 간주할 수 있을 것 같다.

모두 서해안에 인접해 있는 이 유적들은 본격적인 주거유적으로 보기에는 석기의 구성이나 수량, 퇴적층의 규모 등이 단순하고 또한 소규모에 불과하다. 따라서 특정 계절에만 이용되었던 사냥용 캠프거나, 구석기인들의 이동 과정에서 남겨진 임시 주거캠프일 가능성도 있을 것이다. 혹은 상대적으로 강력한 힘을 가진 집단에 의해 내몰려진 소규모 집단이 열악한 환경하에서 남긴 유적일 가능성도 있다. 향후 주변에 분포하고 있는 대형 유적들과의 관계 속에서 이들 유적군에 대한 성격 파악에 유의하여야 할 필요가 있다. 대형석기가 감소함에 따라 대체로 4만년전 무렵이 되면 대부분의 구석기유적 석기들이 석영 위주의 석기군으로 전환되는 것과는 다른, 이 지역만의 양상이라고 현재로서는 판단된다. 게다가 한국의 구석기들이 대부분 자갈돌을 석재로 사용하는 경향에도 벗어나 있다. 이 지역 석기문화에 대해서는 절대연대자료의 증가와 좀 더 많은 유적들이 조사되는 것을 지켜보아야 할 것 같다.

4) 기타 석기군

　금강권과 영산·섬진강권의 석기군 가운데에는 석재와 관련하여 다른 지역에서는 발견하기 힘든 독특한 석기군들이 존재한다. 공주 석장리유적의 자갈돌찍개문화층과 함평 당하산유적 1문화층은 대형석기뿐만 아니라 소형석기들까지도 석영이나 규암이 아닌 산성화산암이나 안산암·실트암 등의 석재로 만들고 있다. 반면 진천 송두리유적과 화순 사창유적은 주먹도끼를 포함하는 석기군임에도 불구하고 주먹도끼를 비롯한 대부분의 석기가 석영으로만 제작되고 있다. 금강권과 영산·섬진강권에서 나타나는 이러한 석재 이용 예가 고고학적으로 어떠한 의미를 갖고 있는지는 아직 분명하지 않다. 그리고 유적들이 거리상으로도 매우 멀어 서로 간의 관련성을 고려하기에도 어렵다. 하지만 한국 구석기시대 중기 이전의 대다수 유적에서 보이는, 대형석기와 소형석기의 석재를 선택적으로 이용한 일반적인 양상과는 매우 달라 주목하지 않을 수 없다. 향후 관련 자료가 증가하기를 기대해 본다.

4. 석기군의 구조와 발전과정

1) 석영제 소형석기군의 성격 검토

　석영을 기반으로 하고 있는 소형석기들은 한국 구석기시대의 전 시기에 걸쳐 거의 모든 석기군에 부분적으로 포함되어 있다. 그러한 배경에는 '석영'이라는 석재의 특성이 밀접하게 연관되어 있다고 이해하고 있다. 석영은 한반도의 대부분 지역에서 어렵지 않게 채집할 수 있는 석재 중 하나이다. 결정구조를 갖고 있기 때문에 망치에 의한 타격 시 제작자의 의도와는 달리 돌결에 따라 여러 개의 작은 조각으로 깨어지는 경향이 강하다. 또한 경도가 높아 깨진 조각은 날카롭고 강한 가장자리를 갖게 된다. 이러한 특징들로 인해 석영을 석기로 만들 경우 여러 가지 강점을 갖게 되는데, 이에 관해서는 선행 연구들을 참고할 수 있다.[163] 즉 석영은 제작 과정상에서 특별히 정교함이 요구되는 석기 제작에는 적절한 석재가 아니지만, 그렇지 않은 작고 날카롭거나 크고 거친 도구를 만들기 위한 석재로는 부족함이 없다고 평가된다.

석영제 소형 석기군은 구석기시대 전반적인 기술 발달의 흐름 속에서도 사실상 정체에 가까울 만큼 변화되지 않은 채 존속되어 왔다. 이것은 두 가지 관점에서 이해될 수 있을 것 같다. 먼저 석영은 매우 풍부한 석재이기 때문에 경제적인 사용의 필요성이 적다는 점이다. 석기의 날 잔손질은 주로 작업날의 안정적인 확보와 재생에 그 주된 목적이 있다. 따라서 석재가 풍부한 곳이라면 손상된 석기를 재생하기보다는 신선한 날을 가진 또 다른 석기를 곧바로 제작하여 사용하면 되므로 잔손질 빈도는 상대적으로 낮아진다.[164] 한편 석영 격지는 형태적 정형성을 기대하기 어렵지만, 날카롭고 강한 날이 생성되므로 잔손질 필요성 또한 크지 않다. 따라서 석영세 소형석기는 석재 환경 면에서나 석재의 특성상 정성들여 제작하는 석기류이기보다는 간단히 제작하고 손쉽게 취하여 사용하는 쪽에 가

---

163) Seong, Chuntaek, 「Quartize and vein quartz as lithic raw materials reconsidered : a view from the Korean Palaeolithic」, 『Asian Perspectives』 43, 2004, pp.73~91.
　　유용욱, 「석영계 석재의 재고찰 : 평창리유적의 예」, 『전곡리유적의 지질학적 형성과정과 동아세아 구석기 -제2회 전곡리 구석기유적기념 국제학술회의 자료집-』, 2003, pp.38~47.
164) 격지석기에 대한 연구에서 석재 원산지와 거리가 먼 유적의 석기일수록 잔손질이 많이 이루어지는 특징을 확인한 바 있다.(Roebroeks, W., Kolen, J.and Rensink, E. 「Planning Depth, Anticipation and the Organization of Middle Paleolithic Technology」, 『Helinium』Vol.XXVIII/I, 1988, pp.17~34)

깝다고 여겨진다. 이런 점은 석영제 소형석기에서 보여지는 단순한 제작 기법과 비정형성에서도 다시 한 번 확인된다.

두 번째로, 석기의 기능적 관점에서 보자면 석영제 소형석기는 개량을 촉진하는 동인이 매우 낮은 석기류였을 가능성이 높다는 점이다. 특정한 도구의 발명이나 개량은 새로운 용도나 보다 높은 효율성이 요구될 경우 자연스럽게 일어나게 된다. 환언하면 그러한 필요성이 적으면 적을수록 도구의 개량은 느리거나, 혹은 일어나지 않을 수도 있다.[165] 예컨대 기후 의 변화로 인해 매머드가 사라지고 사슴류로 동물상이 변화된다면 구석기 인들의 사냥도구에는 새로운 혁신이 필요하게 된다. 반면 사냥도구에 비 해서 사냥감을 해체하고 섭취하는 과정에 소요되는 도구는 상대적으로 변 화의 필요성이 상대적으로 적다. 즉 석영제 소형석기의 용도는 분명치 않 으나, 그것이 사용되었던 용도나 목적에 오랫동안 변화가 없었고, 그로 인 해 석기 개량이 거의 이루어지지 않았다는 가설을 상정해 볼 수 있다.

성춘택은 '소형 석영암 석기 중심의 기술전통' 단계는 시간상으로 '세 석기 중심의 석기기술전통' 보다 앞에 놓여 있지만, 후기구석기시대의 늦 은 시기까지 존속한다고 보았다. 그렇기 때문에 '소형 석영암제 석기군' 을 포함하는 구석기시대의 늦은 시기 유물층이 안정된 층위 맥락을 가지 고 있는지에 대한 검토와 함께, 앞으로 더 많은 자료를 면밀하게 검토하여 야 할 필요성이 있다고 지적한 바 있다.[166] 한국 구석기시대에서 석영을 기반으로 하는 소형 석기군이 기술적으로 정체된 상태에서 후기구석기시

---

165) 모든 종류의 도구가 시간의 경과에 따라 동일한 정도로 개선되고 발전되는 것은 아니다. 이미 발굴된 여러 유물에서도 확인해 볼 수 있는데, 예컨대 취사용 그릇이나 취식용 수 저 등은 그 재료의 획기적 변화(금속·도자기·목재 등)에도 불구하고 출현기의 기본형 을 현재까지 거의 유지하고 있다.

166) 성춘택, 「한국 구석기시대 석기군 구성의 양상과 진화시론」, 『한국상고사학보』 51, 2006, pp.5~41.

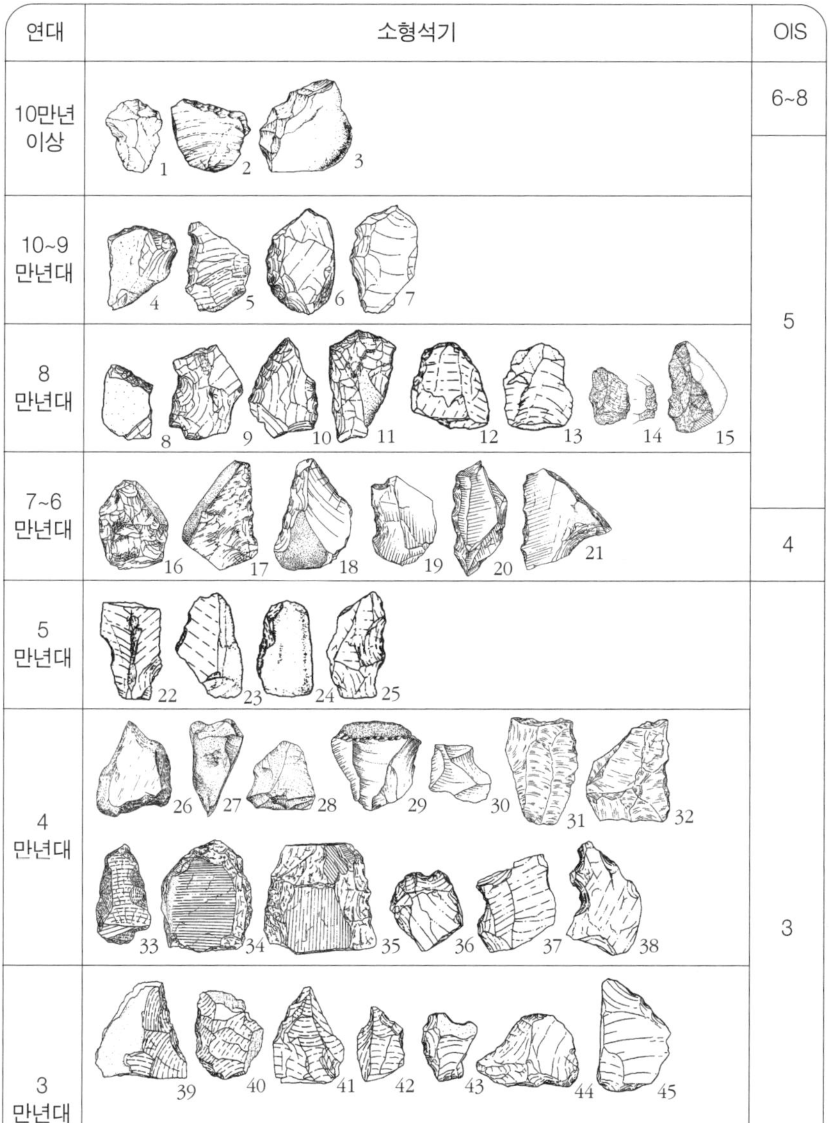

연대	소형석기	OIS
10만년 이상	1 2 3	6~8
10~9 만년대	4 5 6 7	5
8 만년대	8 9 10 11 12 13 14 15	
7~6 만년대	16 17 18 19 20 21	4
5 만년대	22 23 24 25	
4 만년대	26 27 28 29 30 31 32 33 34 35 36 37 38	3
3 만년대	39 40 41 42 43 44 45	

1~3 전곡리, 4~7 갈둔4층, 8~11 갈둔3층, 12~13 망상동3층, 14~15 백이1층, 16~18연양리, 19~21권곡동, 22~25 망상동2층, 26~28 기곡3층, 29~30 당가2층, 31~32 송두리, 33~35 백이2층, 36~38 연봉2층, 39~42 평릉동2층, 43~45 갈둔2층

그림 67 시기별 소형석기류(절대연대 기준, 축척부동)

대 후반부까지 유지되고 있는 이러한 현상은 석기군의 변화를 '진화'적 측면에서 바라보는 입장에서는 납득하기 어려운 것이다. 더욱이 앞서 개별 유적에 대한 검토 과정에서 확인되었듯이 소형 석영암제 석기군은 '세석기 기술전통'의 바로 앞 단계가 아닌, 이미 전기구석기시대부터 주먹도끼를 포함하는 석기군과 함께 공반되어 왔음을 알 수 있다. 〈그림 67〉 현재 조사된 구석기유적들 가운데 가장 빠른 절대연대를 보여주는 전곡리유적에서도 주먹도끼류와 같은 대형석기들과 함께 석영제 소형석기들은 상당량 공반되고 있으며, 후기구석기시대 최말기 단계로 상정되고 있는 하화계리유적이나 기곡유적에서도 부정형의 석영제 소형석기들이 출토되고 있음을 볼 수 있다. 즉 석영제 소형석기군은 가시적인 변화없이 전기구석기시대부터 후기구석기시대까지 전체 석기군 내에서 양적 점유율만 변동되면서 존속해 온 것으로 이해된다.

2) 석기군의 구성과 구조

석기군의 구조에 대한 파악은 그 석기군이 구성하고 있는 구석기문화의 성격을 이해함과 동시에, 시간의 경과에 따른 문화적 변화 과정을 살펴볼 수 있게 해 준다. 지금까지 제시된 한국 구석기시대 석기군의 구조에 대한 여러 가설들이 '편년'이나 '진화'적 요소를 내재하고 있는 것은 그러한 때문으로 이해된다. 이 장에서는 앞서 살펴본 내용들을 토대로 한국 석기군의 전체적인 구조와 시간의 흐름에 따른 전개 과정에 대해 생각해 보고자 한다.

한국의 구석기시대 석기군 구조에 관한 가설들은 상당부분 단선적인 구조를 갖고 있으며, 구성 요소들은 시간적으로 선후관계를 이루고 있다. 이선복의 〈주먹도끼 포함 석기공작〉 - 〈주먹도끼 비포함 석기공작〉 - 〈세

석기포함 석기공작〉이나,[167] 성춘택의 〈주먹도끼-찍개-다각면석기 중심
의 기술전통〉-〈소형석영암석기 중심의 기술전통〉-〈돌날-슴베찌르개 중
심의 기술전통〉-〈세석기 중심의 석기기술 전통〉[168]과 같은 가설들이 그
예이다. 이 가설들은 우리나라 구석기문화의 전반적인 발전과정을 비교
적 명료하게 설명하고 있다. 하지만 단선적인 구조를 갖고 있음으로 해서
석기군에 내재되어 있는 다양성을 반영하기 위해서는 앞으로 꾸준한 보완
이 필요하다고 생각된다. 더불어 '주먹도끼 비포함 석기공작'이나 '소형
석영암 석기 중심의 기술전통'이란 개념은 그것이 명확히 정의되지 않는
성격의 석기군임을 의미하는 것인데, 이는 한국 구석기문화에서 '중기
(middle)'적 요소의 부재와 동일선상에 놓여 있는 문제라고 생각된다.

　앞서 살펴본 내용을 토대로 한국 구석기시대 석기군을 구성하는 몇 개
의 하위 석기군을 상정해 볼 수 있다. 먼저 출현 후 일정한 기간 존속하다
가 소멸하였던 것들로는 '양면가공기술을 기반으로 하는 주먹도끼류',
'돌날과 좀돌날기술 관련 석기류'등이 있다. 반면 '석영제 부정형 소형
석기류'는 그와는 상반되는 성격의 석기군으로써 거의 모든 시기의 석기
군들에 포함되어 있다. 마지막으로 '찍개와 여러면석기'는 앞의 두 석기
군의 가운데쯤 성격을 가진 석기류로써 존재한다.

　주먹도끼류와 돌날·좀돌날석기류 등은 끊임없이 변화하는 구석기시
대의 환경에 대해 인류가 적극적으로 대응하고자 만들어 낸 결과물로써,
다른 석기군들에 비해 역동적인 진화과정의 산물이다. 그것은 인류가 신
석기시대에 조악한 석기류를 이용해 농경을 시작한 이래, 현대의 발달된

---

167) 이선복, 「구석기 고고학의 편년과 시간층위 확립을 위한 가설」, 『한국고고학보』42, 한국
　　고고학회, 2000, pp.1~20.
168) 성춘택, 「한국 구석기시대 석기군 구성의 양상과 진화 시론」, 『한국상고사학보』51, 한국
　　상고사학회, 2006, pp.5~41.

농기계류로 극적인 발달을 이루어 온 과정과도 본질적으로는 다르지 않
다. 따라서 이들 석기군들은 석기 기술의 발달 과정을 명료하게 보여주며,
구석기시대를 편년하는 기준이 되고 있다.

석영제 소형석기류는 형식적으로나 기술적으로 명확한 경계를 설정하
기 힘든 석기군임은 앞 장에서 살펴본 바와 같다. 다분히 임의적으로 생성
된 날카로운 날의 편의적 사용이 목적이었을 것으로 추정되는 부정형의
소형석기류는 거의 모든 시기 유적들에서 발견되므로 하나의 석기군으로
상정하는 것 조차도 적절치 않을 수 있다. 그러나 소형석기류들은 역동적
으로 변화 발전해 온 석기군들이 담당했던 영역과는 다른, 예컨대 매우 기
본적인 생활 영역 등에 꾸준히 이용되었을 가능성은 충분하다.

찍개와 여러면석기는 여러모로 위에서 언급한 석기군들의 중간적 성
격을 갖고 있다. 형태상으로는 일정부분 정형성을 유지하지만, 변이의 폭
은 주먹도끼류에 비해 훨씬 크며, 앞 장에서 살펴보았듯이 제작에 사용된
석재도 어느 한 종류에 치우치기보다는 상당히 다양하다. 존속 기간은 대
단히 긴 편으로 소형석기류와 함께 향후 보다 구체적인 성격 연구가 필요
한 석기군이다.

한국의 구석기시대는 위에서 언급한 4 종의 하위 석기군에 의해 구성

표 31 _ 한국 구석기시대 석기군의 구조와 변화

OIS / 석기군	6이상	5	4	3	2
주먹도끼류	비결정질 조립질석재				
돌날석기 좀돌날석기					비결정질 미립질석재
찍개류 여러면석기	비결정질 조립질석재+석영				
부정형 소형석기군				석영	

되고 성격지워지는 것으로 생각된다. 즉 구석기시대의 환경 변화와 같은 외적 자극이나 인류의 진화와 같은 요소에도 불구하고 기본적인 성격을 유지하였던 석기군이 기본 바탕을 이루고 있으며, 그 기반 위에 적극적으로 변화·발전해 온 또 다른 석기군이 생성되고 소멸하여 온 것이 한국 구석기시대 석기군의 대체적인 변화 과정으로 파악된다. 그것을 단순화하면 〈표 31〉과 같이 표현해 볼 수 있다.

여러 유적의 절대연대를 참고하면, 주먹도끼류의 경우 대체로 OIS 3기 후반부터 급격히 줄어들어 2기에 접어들면 거의 자취를 감춘다. 찍개와 여러면석기도 OIS 3기 후반부터 감소하기 시작하지만, 주먹도끼류보다는 좀 더 나중인 OIS 2기 중반 무렵에 거의 소멸되는 것으로 보인다. 한편 후기구석기시대의 새로운 기술인 돌날기술은 OIS 3기의 후반 무렵에 출현한다.

5. 편년체계의 적용과 문제점

석기군의 구조 및 그 전개 과정과 관련하여, 한국의 구석기시대에 있어서 '중기구석기시대(middle paleolithic)'의 존재를 생각해 본다면 회의적이지 않을 수 없다. 앞서 살펴본 바와 같이 전기구석기시대로 편년된 주먹도끼 관련 석기군과 후기구석기시대의 돌날 관련 석기군 사이에 기술적, 혹은 문화적으로 뚜렷한 또 하나의 석기군을 발견해 내기 힘들기 때문이다.

석기군의 변화 과정에서 주먹도끼류가 급격히 감소하기 시작하는 6만 년 전 무렵은 한반도에서 구석기시대 유적의 수가 갑자기 증가하기 시작하는 시기이다. 또한 유적의 분포 범위도 한반도 남부지역으로 급속히 확산되어 가는 시기이기도 하다. 이 무렵의 절대연대를 갖고 있는 유적을 보면 도산유적 2층(53,300±4100BP · 54,400±2100BP), 송두리유적(5만년 이전), 백이유적 2층(42,000±1800BP · 42,500±2600BP), 평릉동유적 2층 (33,000±3000BP, 5만년 이전) 등인데, 소량씩이지만 주먹도끼는 지속적으로 출토되고 있음을 볼 수 있다. 그러나 하나의 시기를 획기할만한 기술적 요소의 출현은 여전히 확인되지 않는다. 이후 4만 년 전 무렵, 후기구석기시대의 시작을 알리는 돌날기술이 등장하기까지 별다른 변화가 확인되지 않음은 결국, 한반도에 있어서 중기구석기시대 설정, 혹은 중기구석기시대의 개념에 대해 신중하게 검토하지 않을 수 없음을 의미하는 것으로 이해된다.

현재까지의 출토 자료들을 종합해 볼 때 한국에서는 유럽 구석기시대에서와 같은 중기구석기문화 요소는 확인되지 않는다. 그렇다고 해서 한국 구석기시대에서 '중기'를 설정할 수 없는 것은 아닐 것이다. 향후 발굴될 구석기 자료에서 르발루아기술과 같은, 기존 개념과 합치하는 중기구석기적 요소가 발견될 개연성은 여전히 상존해 있기 때문이다. 또 한편으로는 우리나라만의 독특한 중기구석기적 요소가 발견될 가능성도 없지 않기 때문이기도 하다. 다만 현재로서는 그렇지 않기 때문에 한국 구석기시대에서 중기구석기를 설정하고자 한다면, 그 분명한 개념과 시간폭의 제시가 수반되어야 한다.[169]

기존의 한국 구석기시대 자료 편년에 '전기구석기시대-후기구석기시대'와 같은 2시기 구분체계의 적용 여부도 한편으로는 검토될 수 있을 것이다. 중국의 구석기 자료를 비판적으로 검토한 가오씽(Gao Xing) 등은

---

169) 한국 구석기에 대하여 '중기'라는 개념을 사용하고자 한다면 그 시간적 범위를 상술하거나, 그렇지 않을 경우 OIS를 활용할 수 있다는 대안이 성춘택에 의해 제시된 바 있다. (성춘택, 「한국 중기구석기론의 비판적 검토」, 『한국고고학보』46, 한국고고학회, 2002, pp.5~28)

중기구석기문화의 부재를 확인하고, 중국 구석기시대 편년의 새로운 대안
으로 2시기 구분법−Early and Late Paleolithic−을 제안한 바 있다.[170] 주
지하듯 3단계 문화 구분에 비해 2단계 문화구분이 문화적 후진성을 의미
하는 것은 아니다. 오히려 동아시아의 구석기문화를 적절히 설명할 수만
있다면 한국 혹은 동아시아 구석기문화의 특징이 될 것이다. 만일 한국 구
석기 자료에 대해 2시기 구분을 적용하게 된다면, 여러 가지 고고학적 증
거에 따라 후기구석기시대의 개시기를 그 경계로 삼는 것이 가장 타당할
것으로 판단된다.

170) Xing Gao, Christopher J. Norton, 「A Critique of the Chinese 'Middle Paleolithic'」,
『ANTIQUITY』76, 2002, pp.397~412.

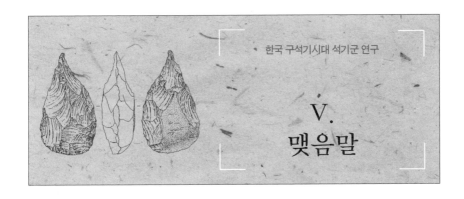

V.
맺음말

한국 구석기시대 연구는 주로 후기구석기시대를 중심으로 이루어지고 있다. 뚜렷한 석기의 정형성과 지역적 혹은 시간적인 변화상의 파악이 용이하며, 그것을 이용한 다양한 문화적 해석이 가능하기 때문이다. 그에 비해 전-중기의 석기군들은 넓은 시간폭에 비해 상대적으로 단순한 구성을 갖고 있다. 뚜렷한 기술적 변화나 지역적인 다양성이 한 눈에 드러나지 않으므로 관련 연구 성과의 축적은 더딘 편이다. 따라서 매우 느리게 발전해 온 전-중기의 석기군들에 대해서는 보다 넓고 다양한 관점에서 접근하여 볼 필요가 있다.

최근 전국 각지에서 활발하게 이루어진 발굴조사 결과에 의해 후기구석기뿐만 아니라, 전-중기구석기시대의 자료들도 상당량 축적되어 왔다. 이 글에서는 그간 누적된 자료들을 토대로 전국의 유적 현황을 집성하고, 주로 석기군의 구성과 특히 석재와의 관련성에 주목하여 검토해 보고자 하였다.

시간상으로는 후기구석기시대가 시작되기 전까지의 유적들을 분석대상으로 삼았다. 전국적으로 분포하고 있는 수십 개 소의 유적을 효과적으로 검토하기 위하여 이 글에서는 분석 단위로써 소권역을 설정하였다. 분석 단위의 구분은 자연지리적 요소인 산맥과 하계망을 이용하였으며, 그 결과 크게 6개의 권역으로 구분 가능하였다. 각 권역은 가장 북쪽으로부터 임진 · 한탄강권, 한강권, 동해중부해안권, 금강권, 낙동강권, 영산 · 섬진강권 등이다.

권역별 유적에 대한 검토는 각 유적의 층위별로 석기군 구성 및 석재 이용의 세부 현황 등에 대해 집중하였다. 석기군은 크게 대형석기군(주먹도끼류 · 찍개류 · 주먹대패 · 여러면석기 · 대형긁개 등)과 소형석기군(긁개 · 홈날 · 톱니날 · 밀개 · 뚜르개 · 새기개 등)으로 구분하였다. 대체로 거의 모든 유적에서 대형석기군이 우세한 양상을 보였으며, 일부 서해 연안지역의 유적들에서 소형석기 위주의 석기군들이 발견되었다.

석재면에서 그간 석영류(석영 · 규암)가 한국 구석기의 주요 석재로 인식되어 온 것과는 달리, 대형석기군의 석재는 지역별로 상당히 다양한 변이상을 갖고 있음을 확인할 수 있었다. 임진 · 한탄강권에서는 규암이 대형석기군의 석재로서 절대 우위를 점하고 있음에 반해, 그 외의 지역에서는 규암 이외에도 다양한 종류의 석재들이 대형석기의 석재로 채용되고 있음을 볼 수 있었다. 특히 동해중부해안의 경우 석재가 가장 다양하게 나타났는데, 응회암과 사암류 · 화강암 · 편마암 등이 골고루 활용되고 있음이 확인되었다. 주로 주먹도끼류의 제작에 사용된 이들 석재는 석영에 비해 구성입자가 치밀하지 않고 결정조직을 갖고 있지 않아 비교적 의도한 대로 가공할 수 있다는 공통점을 갖고 있다. 이에 비해 소형석기는 모든 권역에서 거의 예외없이 석영을 사용해 제작되고 있음을 볼 수 있었다.

대형석기군의 석재에서 확인된 다양한 종류의 석재들은 현대의 암석학적 입장에서는 서로 상이한 종류의 것들로 분류될 수 있지만, 전-중기 구석기시대인들에게 그것들은 대형석기, 특히 주먹도끼류를 제작하기에 적합한 특성을 가진 석재들로 인식되었을 것이다. 즉 현대의 시각으로는 서로 상이한 종류의 다양한 석재들이 구석기인들에게는 대형석기 석재로써 통합적으로 인식되고 사용되었던 것으로 생각된다. 이 글에서는 이러한 석재들을 물리적 특성에만 주목하여 편의상 '비결정질의 조립질석재'로 통칭하였다.

대형석기군의 석재를 좀 더 자세히 살펴보면 석기 기종별로 다소 다른 양상을 보여 주는데, 주먹도끼류의 경우와 찍개류 및 여러면석기의 경우로 구분된다. 주먹도끼류는 조립질석재의 이용률이 현저히 높지만, 찍개류와 여러면석기는 조립질석재에 특별히 편중현상을 보이지 않았으며 석영과 상당히 혼용되었음을 볼 수 있다. 석재 선택에 있어서 이러한 정도의 차이는 다분히 석기의 최종 형태와 관련이 있을 것으로 추정된다.

전-중기 구석기시대 석기군에서 확인된 이와 같은 석재의 선택적 이용 양상은 그동안 특별히 주목되지 않았다. 일반적으로 석재의 선별 행위는 후기구석기시대에 이르러 비롯된 것으로 이해되어 왔기 때문이다. 그러나 이미 전-중기 구석기시대부터 그러한 행위가 상당히 뚜렷하게 존재했음을 이 글에서 확인할 수 있었다. 즉 후기구석기시대 석재의 선별적 선택이나 원거리 반입 행위 등은 이미 그 이전 시기부터 존재해왔던 석기제작과 관련된 기술적 전통이 보다 진화된 형태인 것이다.

한편 권역별로 석기군의 특성을 살펴본 결과 몇 가지 흥미로운 사실을 발견할 수 있었다. 주먹도끼류는 임진·한탄강권에서 가장 두드러진 석기로서 양적인 면에서 다른 지역에 비해 월등하며, 기술에서나 완성도 면에서도 상대적으로 우수하다. 석재면에서도 다른 지역과는 달리 규암이 절대적으로 많아 상당히 차별화된 양상을 보여주었다. 이러한 면에서 볼 때 시기상으로도 가장 이른 임진·한탄강권의 주먹도끼류는 한반도 구석기문화의 개시기와 관련하여 중요한 의미가 있을 것으로 생각된다.

남한강유역의 영월 삼옥리유적, 양평 병산리유적 및 여주 연양리유적에서는 긴찍개(end-chopper)가 다수 발견되었다. 다른 지역 유적들에서도 간혹 긴찍개가 발견되기는 하지만, 이 지역에서처럼 양적으로 두드러지는 경우는 찾아보기 어렵다. 이 지역의 긴찍개들은 대개 2~3차례의 타격만으로 날을 완성하고 있으며, 석영이나 규암보다는 화강암이나 편마암을 석재로 이용하고 있다는 점에서도 서로 공통점을 가지고 있다. 이것이 석기군의 지역적 요소로 인정될 수 있는지의 여부는 앞으로 이 지역에서 출토되는 자료들을 좀 더 지켜보아야 할 것 같다.

서해연안지역 석기군에서는 대형석기류가 희소하였는데, 석재면에서는 주로 원마도가 매우 낮은 자갈이나 모난 석영을 이용하고 있다는 공통점을 갖고 있다. 또한 석기 기종도 제한적이며, 석기의 정형성이나 잔손질과 같은 2차 가공도 거의 발견하기 어렵다. 자갈돌을 이용해 석기를 제작하는 것이 한반도 구석기의 일반적 양상이라면, 서해연안지역의 석기군들은 다소 이례적이라고 할 수 있다.

이상에서 검토한 것들을 참고하여 한국 구석기시대 전체 석기군의 구성에 대해 거칠게나마 접근해보았다. 그 결과 4 종의 하위 석기군이 다중적 구조를 형성하고 있는 것으로 파악되었는데, 크게 인류의 진화와 밀접한 관계를 갖고 있는 석기군들과 보수적 성격이 짙은 석기군들로 구분된다. 전자는 '양면가공기술을 기반으로 하는 주먹도끼류' 와 '돌날과 좀돌날기술 관련 석기류' 등이며, 후자는 '찍개와 여러면석기', ' 석영제 부정형 소형석기군' 이다. 한국의 구석기시대는 이상 4 종의 석기군이 각기 종적, 횡적 관계를 맺으며 변화 발전하여 온 것으로 파악된다.

석기군의 구조에 대한 접근과 관련하여, 후기구석기시대가 시작되기 전까지 우리나라에서 출토된 석기들을 종합적으로 검토한 결과, 석기군의 변화양상에서 4만년 이전까지는 새로운 문화단계를 상정할만한 뚜렷한 변화가 감지되지 않았다. 따라서 현재로서는 우리나라 구석기시대에서 기술적 혹은 문화적 의미에서의 '중기구석기' 단계를 획기하는 것은 신중히 검토되어야 할 것이며, 시기구분에 있어서 '전기구석기시대 - 후기구석기시대'와 같은 2시기 구분법의 채택 등 새로운 대안의 모색이 필요할 것이다. 만일 한국 구석기 자료에 대해 2시기 편년을 적용하게 된다면, 여러 가지 고고학적 증거에 따라 후기구석기시대의 개시기를 그 경계로 삼는 것이 가장 타당할 것으로 판단된다.

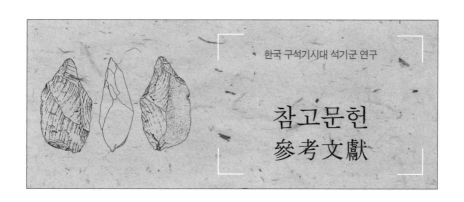

한국 구석기시대 석기군 연구

참고문헌
參考文獻

1. 유적조사보고서

강원문화재연구소, 『영월 동강리조트 조성부지내 유적발굴조사 지도위원회의 자료집』, 강원문화재연구소, 2008.9.

강원문화재연구소, 『홍천 내·외삼포리 구석기유적』, 강원문화재연구소, 2009a.

강원문화재연구소, 『홍천 백이·돌터거리·송정유적』, 강원문화재연구소, 2009b.

경기문화재단 경기문화재연구소, 『고양 덕이동 구석기유적』, 2009.

경상북도 문화재연구원, 『상주 신상리구석기유적·유물산포지』, 2003.

경상북도 문화재연구원, 『상주 신상리구석기유적』, 2005.

국립대구박물관, 『인류의 여명, 동아시아의 주먹도끼』, 국립대구박물관, 2008.

국립문화재연구소, 『전곡리유적 발굴조사보고서』, 국립문화재연구소, 1983.

국립문화재연구소, 『연천 남계리 구석기유적 발굴조사 보고서』, 1991.

국립문화재연구소, 『금파리 구석기유적』, 국립문화재연구소, 1999.

국립제주박물관, 『제주도 서귀포시 생수궤유적 발굴조사 지도위원회 자료』, 2010.11.

박형순·한창균, 『예산 신가리유적』, 충청문화재연구원, 2008.

배기동·고재원, 『전곡리 구석기유적 발굴조사보고서 - 1992년도』, 한양대학교 문화인류학과, 1993.

배기동 · 임영옥,『진주 내촌리 주거지 및 구석기유적』, 한양대학교 박물관, 1999.

배기동 · 홍미영 · 이한용 · 김영연,『전곡구석기유적』, 한양대학교 문화재연구소, 2001.

손보기 · 박영철 · 장호수,「구석기시대 유적보고」,『둔산』, 충남대학교박물관, 1995.

예맥문화재연구원,『국도7호선(간성-현내) 도로공사 구간내 유적 발굴조사』, 2006.

예맥문화재연구원,『춘천 거두2지구 택지개발 사업지구내유적 발굴조사 약보고서』, 2006.

예맥문화재연구원,『홍천 모곡-발산간 도로구간내 유적 발굴조사약보고서』, 2008.10.

예맥문화재연구원,『강릉 샌드파인리조트 신축공사부지내 유적 발굴조사 약보고서』, 2009.

예맥문화재연구원,『홍천 모곡리유적』, 2010a.

예맥문화재연구원,『동해 묵호진동 월소유적』, 2010b.

우종윤 · 성정용 · 장홍선 · 함재욱,『충주 금릉동유적』, 충북대학교 박물관, 2007.

윤내현 · 한창균,『양평 병산리유적(2)』, 단국대학교 중앙박물관, 1994.

이기길,『화순 도산유적』, 조선대학교 박물관, 2002.

이기길 · 김선주 · 최미노,『영광 마전 · 군동 · 원당 · 수동유적』, 조선대학교 박물관, 2003.

이기길 · 이동영 · 이윤수 · 이윤수 · 최미노,『광주 치평동유적-구석기 · 갱신세층 시굴
　　　조사보고서-』, 조선대학교 박물관, 1997.

이기길 · 최미노 · 김은정,『순천 죽내리유적』, 조선대학교 박물관, 2000.

이선복,『파주 장산리 구석기유적 시굴조사보고서』, 서울대학교 박물관, 2004.

이선복,『심곡리 구석기유적 발굴조사보고서』, 서울대학교 박물관, 2006.

이선복 · 유용욱 · 성춘택,『용인 평창리 구석기유적』, 서울대학교 고고미술사학과, 2000.

이선복 · 유용욱 · 김동완,「연천 전곡 농협 신축부지 일대 발굴조사 보고서」, 서울대학
　　　교박물관, 2006.

이선복 · 이교동,『파주 주월리 · 가월리 구석기유적』, 서울대학교 고고미술사학과, 1993.

이융조,「단양 수양개구석기유적 발굴조사 보고」,『충주댐 수몰지구 문화유적 연장발굴
　　　조사보고서』, 충북대학교 박물관, 1984.

이융조,「단양 수양개구석기유적 발굴조사 보고」,『충주댐 수몰지구 문화유적발굴조사
　　　종합보고서(II)』, 충북대학교 박물관, 1985.

이융조 · 공수진 · 김우성 · 황해경,「장관리 구석기문화」,『진천 장관리유적(1)』, 충북대
　　　학교 중원문화연구소, 2002.

이융조 · 박선주 · 윤용현 · 우종윤 · 하문식,『화순 대전 구석기유적 발굴보고서』, 충북

대학교 고고미술사학과, 1991.

이융조·우종윤 편, 『청원 소로리 구석기유적』, 충북대학교 박물관, 2000.

이융조·윤용현, 「우산리 곡천 구석기유적」, 『주암댐수몰지구 문화유적발굴조사보고
(VII)』, 전남대학교 박물관, 1990.

이융조·조태섭·공수진·이승원, 『진천 송두리 구석기유적 1』, 충북대학교 중원문화
재연구소, 2006.

이정철, 『여주 연양리 구석기유적』, 기전문화재연구원, 2007.

이해용·최영석·이나리, 『동해 망상동 구석기유적』, 강원문화재연구소, 2009.

이해용·홍성학·최영석, 『동해 기곡유적』, 강원문화재연구소, 2005.

이헌종·노선호·이혜연, 『나주 당가유적·촌곡리유적』, 목포대학교 박물관, 2004.

조선대학교 박물관, 『도산유적 연장조사 지도위원회 자료집』, 2009.6.

중앙문화재연구원, 『아산 권곡동유적』, 2006.

중앙문화재연구원, 『청원 만수리 구석기유적 - 5·6·7·8·9지점』, 2008.

최무장, 「제원 명오리 B지구 유적 발굴조사 보고」, 『충주댐 수몰지구 문화유적발굴조사
종합보고서(II)』, 충북대학교 박물관, 1984.

최영철·최미노, 『나주 용호 구석기유적』, 호남문화재연구원, 2004.

최복규, 「강원대학교 조사」, 『상무룡리』, 강원대학교 박물관, 1989.

최복규·김용백·김남돈, 「홍천 하화계리 중석기시대유적 발굴조사보고」, 『중앙고속도
로건설구간내 문화유적발굴조사보고서』, 강원도, 1992.

최복규·안성민·유혜정, 「동해 구미동 구석기유적」, 『동해 구미동·구호동유적』, 관동
대학교박물관, 2004a.

최복규·안성민·유혜정, 『홍천 하화계리 작은솔밭 구·중석기유적』, 강원대학교 유적
조사단, 2004b.

최복규·안성민·유혜정·문지현, 『노봉 구석기유적』, 강원대학교유적조사단, 2002.

최복규·유혜정, 『강릉 주수리 구석기유적』, 강원대학교 유적조사단, 2004.

최복규·유혜정, 『포천 화대리 쉼터구석기유적』, 강원고고학연구소, 2005.

최성락·이헌종, 『함평 장년리 당하산유적』, 목포대학교 박물관, 2001.

최승엽, 『홍천 연봉 구석기유적』, 강원문화재연구소, 2007.

최승엽·김연주, 『춘천 금산리 갈둔 구석기유적』, 강원문화재연구소, 2008.

최영석, 『동해 평릉동 구석기유적』, 강원문화재연구소, 2007.

한국문화재보호재단, 『김포 신곡3지구 공동주택부지 문화유적 발굴(시굴 · 분포)조사 -3 차 지도위원회자료-』, 2007a.

한국문화재보호재단, 『김포 신곡3지구 공동주택부지 문화유적 발굴조사 -4차 지도위원 회자료-』, 2007b.

한국문화재보호재단, 『인천 불로동유적』, 한국문화재보호재단, 2007c.

한국문화재보호재단, 『김포 장기지구 문화유적 발굴조사 -5차 지도위원회 자료-』, 2007d.

한국문화재보호재단, 『인천 원당동유적(II)』, 한국문화재보호재단, 2008.

한국선사문화연구원, 『제1회 선사문화 세미나, 청원 만수리 구석기유적』, 2007.

한국선사문화연구원, 『파주 운정(1)지구 내 유적 8차 발굴조사(34 · 35 · 36지점)』, 2008.

한양대학교 문화인류학과, 『전곡리구석기유적 1009~95년도 발굴조사보고서』, 한양대 학교 문화인류학과, 1996.

한양대학교 문화재연구소, 『전곡구석기유적 2000~2001 전면시굴조사보고서』, 한양대 학교 문화재연구소, 2001.

한창균, 「대전 용호동 구석기유적」, 『동북아세아구석기연구』, 한양대학교 문화재연구소, 2002.

한창균 · 허의행, 『아산 실옥동유적』, 충청문화재연구원, 2006.

한창균 · 홍미영 · 김기태, 『광주 삼리 구석기유적』, 기전문화재연구원, 2003.

한창균 · 홍미영 · 최삼용 · 김기태, 「두정동 구석기시대의 유적과 유물」, 『천안 두정동 유적 C · D지구』, 충청매장문화재연구원, 2001.

호남문화재연구원, 『화순 사창유적』, 2007.

홍미영 · 김종헌, 『남양주 호평동 구석기유적』, 기전문화재연구원, 2008.

2. 논문 및 저서

김동완, 『임진 - 한탄강유역 주먹도끼류 석기의 형태연구』, 서울대학교 고고미술사학과 석사학위논문, 2009.

김명진, 『한국 구석기 고토양층 석영에 대한 시분해 광자극 냉광의 물리적 특성과 연대 결정』, 강원대학교 박사학위논문, 2010.2.

김상태, 「상무룡리 구석기유적의 편년과 석기분석」, 『강원사학』10, 강원사학회, 1994.

김상태, 「강원지역의 구석기시대 유적분포와 석재」, 『강원고고학보』 3, 2004.

김영표 · 임은선 · 김연준, 『한반도 산맥체계 재정립 연구 -산줄기분석을 중심으로-』, 국토연구원, 2004.

김주용, 「우리나라 제4기 육상층서와 환경」, 『한국의 제4기 환경』, 서울대학교 출판부, 2001.

김주용 · 배기동 · 양동윤 · 남욱현 · 홍세선 · 고상모 · 이윤수 · 강문경, 「한국 전곡 구석기유적 E55S20 - IVpit의 토양 · 퇴적물 분석 결과」, 『東北亞細亞舊石器硏究』, 한양대학교 문화재연구소, 2002.

김주용 · 양동윤, 「한국 구석기유적의 지형과 지질」, 『우리나라의 구석기문화』, 연세대학교 출판부, 2002.

박성진, 「임진 - 한탄강지역의 구석기시대 몸돌 분석」, 『한국구석기학보』 1, 2000.

박영철, 「경남지역 구석기문화」, 『우리나라의 구석기문화』, 연세대학교 출판부, 2002.

박영철, 「한국 중기구석기 문화의 석기분석 연구」, 『한국구석기학보』 5, 한국구석기학회, 2002a.

박영철 · 최삼룡, 「한국 중기구석기 문화의 석기분석 연구」, 『한국구석기학보』 6, 한국구석기학회, 2002b.

박용안, 「한국 황해연안의 제4기 후기 및 홀로세의 해수면과 기후」, 『황해연안의 환경과 문화 -황해연안의 고고학적 · 인류학적 연구-』, 학연문화사, 1994.

박용안 · 장진호 · 조화룡 · 황상일, 「우리나라 현세 해수면 변동」, 『한국의 제4기 환경』, 서울대학교 출판부, 2001.

박희현, 「남한강유역의 구석기유적」, 『우리나라의 구석기문화』, 연세대학교 출판부, 2002.

배기동, 「황해연안의 구석기문화」, 『황해연안의 환경과 문화 -황해연안의 고고학적 · 인류학적 연구-』, 학연문화사, 1994.

배기동, 「한탄강과 임진강유역의 구석기유적과 공작」, 『우리나라의 구석기문화』, 연세대학교 출판부, 2002.

배기동, 「전곡리유적의 연대관의 변화」, 『전곡리유적의 지질학적 형성과정과 동아세아 구석기』, 제2회 전곡리 구석기유적기념 국제학술회의 자료집, 2003.

성춘택, 「한국 중기구석기론의 비판적 검토」, 『한국고고학보』 46, 한국고고학회, 2002.

성춘택, 「구석기 제작기술과 석재분석 -한국 후기구석기시대 석재에 대한 예비적 고찰-」, 『한국상고사학보』 39, 한국상고사학회, 2003.

성춘택, 「한국 구석기시대 석기군 구성의 양상과 진화 시론」, 『한국상고사학보』 51, 한국상고사학회, 2006.

성춘택, 「한국 후기구석기 문화 유형론」, 『한국고고학보』59, 한국고고학회, 2006.

손기언, 『병산리유적의 구석기시대 찍개 연구』, 단국대학교 대학원 석사학위논문, 1996.

손보기, 「석장리의 자갈돌 찍개 문화층」, 『한국사연구』1, 한국사연구회, 1968.

손보기, 「석장리의 새기개 · 밀개 문화층」, 『한국사연구』5, 한국사연구회, 1970.

손보기, 「석장리의 전기 · 중기구석기문화층」, 『한국사연구』7, 한국사연구회, 1972.

손보기, 「석장리의 후기구석기시대의 집자리」, 『한국사연구』9, 한국사연구회, 1973.

연세대학교박물관, 『한국의 구석기』, 연세대학교 출판부, 2001.

유용욱, 「석영계 석재의 재고찰 : 평창리유적의 예」, 『전곡리유적의 지질학적 형성과정과 동아세아 구석기 -제2회 전곡리 구석기유적기념 국제학술회의 자료집-』, 2003.

이기길, 「한국 전남 순천 죽내리구석기유적」, 『호남고고학보』8, 호남고고학회, 1998.

이기길, 「죽내리유적의 돌감과 석기만듦새」, 『제7회 국제학술회의 -수양개와 그 이웃들-』, 충북대학교박물관, 2002a.

이기길, 「호남의 구석기유적」, 『우리나라의 구석기문화』, 연세대학교 출판부, 2002b.

이기길, 「진안 진그늘유적 구석기문화층의 성격과 의미」, 『호남고고학보』19, 2004.

이동영, 「지질학적 자료의 분석」, 『고고학연구방법론 -자연과학의응용-』, 서울대학교 출판부, 1998.

이선복, 「임진강유역 구석기유적의 연대에 대하여」, 『한국고고학보』34, 한국고고학회, 1996.

이선복, 「구석기 고고학의 편년과 시간층위 확립을 위한 가설」, 『한국고고학보』42, 한국고고학회, 2000.

이선복, 「한국 구석기연구의 발전을 위한 모색」, 『우리나라의 구석기문화』, 연세대학교 출판부, 2002.

이선복, 「임진강유역 출토 주먹도끼 연구의 두 세 과제」, 『한국구석기학보』19, 2009.

이선복 · 이용일 · 임현수, 『임진강유역 구석기유적 형성의 지질학적 배경 이해를 위한 기초 연구 I』, 서울대학교 박물관, 2005.

이융조, 『청주지역 선사문화』, 청주문화원, 2000.

이융조, 「청원 만수리 구석기유적의 발굴과 의미」, 『청원 만수리 구석기유적 - 제1회 선사문화 세미나』, 한국선사문화연구원, 2007.

이융조 · 임병무 · 하문식, 『대륙의 주먹도끼』, 지식산업사, 2004.

이재경, 「동아시아 전기구석기시대의 소형석기 전통」, 『선사와 고대』 12, 한국고대학회, 1999.

이헌종, 「동북아시아 중기구석기문화 연구」, 『한국상고사학보』 33, 한국상고사학회, 2000.

이헌종, 「우리나라 구석기시대 석기제작기법의 변화」, 『우리나라의 구석기문화』, 연세대학교 출판부, 2002.

이헌종, 「우리나라의 후기구석기시대의 편년과 석기의 기술형태적 특성의 상관성 연구」, 『한국상고사학보』 44, 한국상고사학회, 2004a.

이헌종, 「우리나라 서남해안 일대의 구석기시대 유적분포와 문화적 성격에 대한 고찰」, 『한국구석기학보』 9, 한국구석기학회, 2004b.

이헌종 · 김정빈 · 장대훈 · 이혜연, 「우리나라 서남해안 일대의 구석기시대 유적분포와 유적 점거의 규칙성에 대한 시고」, 『한국구석기학보』 13, 한국구석기학회, 2006.

이형우, 「찍개문화와 주먹도끼문화의 비교 고찰」, 『선사와 고대』 16, 2001a.

이형우, 「석재와 거리에 따른 영국 전기구석기 유물의 고찰 -태임즈강 상류와 중류지역의 주요 유적지를 중심으로-」, 『한국고고학보』 34, 2001b.

이형우, 「주먹도끼 형식에 대한 계량적 고찰 -영국 태임즈강 중 · 상류유역 출토유물을 중심으로-」, 『호남고고학보』 18, 2003.

장용준, 「석장리유적의 재검토」, 『공주박물관기요』 1, 국립공주박물관, 2003.

장용준, 「석영계 석기군의 내재적 발전 가능성에 대한 검토」, 『한국구석기학보』 12, 한국구석기학회, 2005.

장용준, 『한국후기구석기의 제작기법과 편년 연구』, 부산대학교 박사학위논문, 2006.

전범환, 「김포 장기동유적의 발굴조사 성과」, 『한국구석기학보』 17, 한국구석기학회, 2008.

조선대학교 박물관, 『빛나는 호남 10만년』, 2009.

조선대학교 박물관, 『교감 - 석기 · 사진 · 사람』, 2010.

최복규, 「동해시 구미동 구석기유적 연구」, 『박물관지』 7, 강원대학교 중앙박물관, 2001.

최복규, 「강릉시 옥계 주수리 구석기유적연구」, 『강원사학』 17 · 18합, 강원사학회, 2002a.

최복규, 「동해시 망상동 노봉 구석기유적의 연구」, 『강원사학』 17 · 18합, 강원사학회, 2002b.

최복규, 「강원지역의 구 · 중석기유적」, 『우리나라의 구석기문화』, 연세대학교 출판부, 2002c.

최삼용, 「금강유역의 구석기유적」, 『우리나라의 구석기문화』, 연세대학교 출판부, 2002.

최숙경, 「고성군 현내면 죽정리 발견 주먹도끼에 대하여」, 『이화사학연구』 17 · 18합, 이화사학연구소, 1988.

최승엽, 『강원지역의 구석기문화 연구』, 강원대학교 박사학위논문, 2010.

최승엽·홍성학, 「중부동해안 구석기유적의 분포범위 확산을 위한 노력(1)」, 『박물관지』8, 강원대학교 중앙박물관, 2001.

한창균, 「한국 구석기유적의 연대문제에 대한 고찰」, 『한국구석기학보』7, 한국구석기학회, 2003.

한창균, 「한국의 후기구석기시대 자연환경」, 『한국고고학보』66, 한국고고학회, 2008a.

한창균, 「호서지역 구석기유적 발굴 반세기」, 『한국구석기학보』18, 한국구석기학회, 2008b.

한창균, 「호남지역의 구석기유적 발굴 20년」, 『빛나는 호남 10만년』, 조선대학교 박물관, 2009a.

한창균, 「천안-아산지역의 구석기유적 연구」, 『한국구석기학보』20, 한국구석기학회, 2009b.

홍영호·김상태, 「경북 동해안지역의 새로운 구석기유적」, 『한국구석기학보』3, 2001.

홍영호·김상태, 「강릉 심곡리유적 채집 구석기」, 『박물관지』9, 강원대학교 박물관, 2002.

황소희, 「금파리석기공작과 전곡리석기공작의 비교분석 -박편과 석핵의 계측치 비교분석-」, 『금파리 구석기유적』, 국립문화재연구소, 1999.

황소희, 「전곡리구석기유적 E55S20-IVpit의 화산회 분석」, 『전곡리유적의 지질학적 형성과정과 동아세아구석기』, 제2회 전곡리 구석기유적기념 국제학술회의 자료집, 2003.

Chang, Kwang-Chih, *THE ARCHAEOLOGY OF CHINA*, New Haven And London Yale University Press, 1977.

Clark. J, Desmond *KALAMBO FALLS PREHISTORIC SITE(II)*, Cambridge at the University Press. 1974.

Kim Jin Cheul, *Geochronology and Geochemical of Characteristics of Sediments at the Jeongokri Archaeological Site*, Korea, 서울대학교 대학원 박사학위논문. 2009.8

Leakey. M. D., *OLDUVAI GORGE III*, Cambridge at the University Press. 1971.

Marie-Louise Inizan·Helene Roche·Jacques Tixier·Michele Reduron, *Technology of Knapped Stone*, Meudon : CREP, 1992.

Roebroeks, W.,Kolen, J.and Rensink, E. 「Planning Depth, Anticipation and the Organization of Middle Paleolithic Technology」, 『Helinium』Vol.XXVIII/I, 1988.

Sato, Hiroyuki, 「Lithic procurement and Reduction Strategy of Hirosato Industry in the

Japan Sea Rim Area」, 『선사와 고대』 20, 한국고대학회2004.

Seong, Chuntaek, Quartize and vein quartz as lithic raw materials reconsidered :a view from the Korean Palaeolithic, *Asian Perspectives* 43, 2004.

Tohru Danhara, Kidong Bae, Toshiniri Okada, Kazuto Matsufuji, Sohee Hwang, What is the real age of the Chongokni Paleolithic Site?, 『東北亞細亞舊石器研究』, 한양대학교 문화재연구소, 2002.

Tohru Danhara, Tephrochronology of Quaternary Sediments in the Korean Peninsula-Applications, Significance, and Future Possibilitys, 『전곡리유적의 지질학적 형성과정과 동아세아구석기』, 제2회 전곡리 구석기유적기념 국제학술회의 자료집, 2003.

William J. Burroughs, *CLIMATE CHANGE IN PREHISTORY*, cambridge, 2005

Wymer,J., Paleolithic Archaeology and the British Quaternary Sequence. *Quaternary Science Review* 7, 1988.

Xing Gao, Christopher J. Norton, 「A Critique of the Chinese 'Middle Paleolithic'」, 『ANTIQUITY』76, 2002.

麻柄一志・松藤和人・津村宏臣・上峯篤史,「レス-古土壤編年による東アシア旧石器編年の再構築(1)-中国-」,『東アシアにおける旧石器編年・古環境變遷に關する基礎的研究』, 2008.

中川和哉・松藤和人・裵基同・津村宏臣・黃昭姬,「レス―古土壤編年による東アシア旧石器編年の再構築(II) -韓国-」,『東アシアにおける旧石器編年・古環境變遷に關する基礎的研究』, 2008.

松藤和人,『日本と東アシアの旧石器考古学』, 雄山閣, 2010.

王杜江・Richard COSGROVE・鹿化煜・沈辰・魏鳴・張小兵,「中国東秦嶺地區洛南盆地における旧石器考古学研究の新展開」,『東アシアにおける旧石器編年・古環境變遷に關する基礎的研究』, 2008.

李超榮,「在中國出土的手斧」,『東北亞細亞旧石器研究』, 漢陽大學校 文化財研究所, 2002.

李超榮,「中国・丹江 - 水庫地區旧石器文化」,『東アシアにおける旧石器編年・古環境變遷に關する基礎的研究』, 2008.

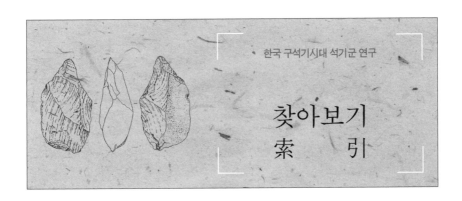

한국 구석기시대 석기군 연구

찾아보기
索　　　引